송상엽

지은이 송상엽은 대학에서 일어일문학을 전공하였으며, 국내 유수 기업체는 물론 어학원에서 수년간의 강사 경험을 바탕으로 일본어 교재 전문기획 프리랜서로 활동하고 있다. 지금은 랭컴출판사의 편집위원으로서 일본어 학습서 기획 및 저술 활동에 힘쓰고 있다.

독학, 일본어 회화2 따라쓰기

2024년 10월 10일 초판 1쇄 인쇄
2024년 10월 15일 초판 1쇄 발행

지은이 송상엽
발행인 손건
편집기획 김상배, 장수경
마케팅 최관호, 김재명
디자인 Purple
제작 최승용
인쇄 선경프린테크

발행처 *LanCom* 랭컴
주소 서울시 영등포구 영신로34길 19, 3층
등록번호 제 312-2006-00060호
전화 02) 2636-0895
팩스 02) 2636-0896
홈페이지 www.lancom.co.kr
이메일 elancom@naver.com

ⓒ 랭컴 2024
ISBN 979-11-7142-055-1 13730

이 책의 저작권은 저자에게 있습니다. 저자와 출판사의 허락없이
내용의 일부를 인용하거나 발췌하는 것을 금합니다.

독학

따라쓰기만 해도 프리토킹에 강해진다!

일본어 회화 2 따라쓰기

송상엽 지음

LanCom
Language & Communication

# 들어가며

1. 직접 문장을 쓰면서 익히면 일본어 회화에 자신감을 가질 수 있습니다.

일본어 공부는 쓰기로 완성된다는 말도 있는 것처럼 쓰기는 굉장히 중요합니다. 이 책에서는 각 유닛의 기본 회화문마다 따라쓰기는 물론 직접 써볼 수 있는 공간을 마련했습니다. 눈으로 보고 귀로 듣는 것보다 손으로 직접 쓰는 것을 우리의 뇌가 훨씬 더 오래 기억한다는 것은 누구나 다 아는 사실입니다. 따라쓰기로 시작된 일본어 회화는 어느새 수동적인 일본어 학습자를 능동적인 일본어 회화 학습자로 바꾸어 자신의 생각을 자연스럽게 일본어로 표현하게 합니다.

2. 장면별로 구성하여 다양한 상황에 대응할 수 있습니다.

일상생활에서 일어날 수 있는 다양한 상황에 맞춰 바로 사용할 수 있도록 50개의 장면으로 분류하였습니다. 각 유닛은 6개의 기본표현과 대화문으로 꾸몄습니다. 일본 여행할 때 필요한 교통, 숙소, 식당, 관광지 등에서 필요한 표현을 비롯하여, 미용실, 편의점, 병원이나 약국에서 쓸 수 있는 표현들을 필요할 때마다 바로 찾아 바로 쓸 수 있습니다.

3. 알기쉬운 친절하고 간략한 해설을 두어 이해를 돕도록 하였습니다.

각 유닛마다 회화문에 들어가기 전에 체크하도록 일본문화와 어법, 그리고 회화의 쓰임과 활용에 대해서 친절하게 설명하였습니다. 또한 기본 회화문과 대화문에서는 모든 문장에 단어 읽기와 뜻을 두었으며, 누구나 쉽게 이해할 수 있도록 간략한 어법 설명을 두었습니다.

4. 기본 회화문은 대화문을 통해 자연스럽게 응용할 수 있습니다

각 유닛마다 일상생활에 꼭 필요한 기본 회화문을 6개씩 두어 상황에 적용할 수 있도록 하였습니다. 기본 회화문을 충분히 연습한 다음 맞쪽에 있는 생생하고 자연스런 대화문을 통해 일상생활에서도 바로 응용할 수 있도록 하였습니다. 보고 듣고 쓰고 말하기를 꾸준히 반복하다 보면 다양한 회화문을 빠르게 익힐 수 있고, 읽기 능력과 말하기 능력도 함께 향상됩니다.

5. 일본인 발음을 통해 정확한 발음을 익힙니다

일본어 발음은 음절 수가 별로 많지 않기 때문에 비교적 다른 외국어에 비해 쉽다고 할 수 있습니다. 하지만 정확한 발음은 일본인의 녹음을 반복해서 듣는 것이 제일입니다. 이 책에서는 각 유닛마다 큐알코드를 두어 즉석에서 바로 동영상을 통한 일본인의 정확한 발음을 들을 수 있도록 하였습니다. 물론 본사(www.lancom.co.kr)에서 무료로 제공하는 녹음파일을 다운받아 충분히 활용할 수 있습니다. 참고로 책이 없이 들을 수 있도록 우리말 해석도 녹음하였습니다.

일러두기

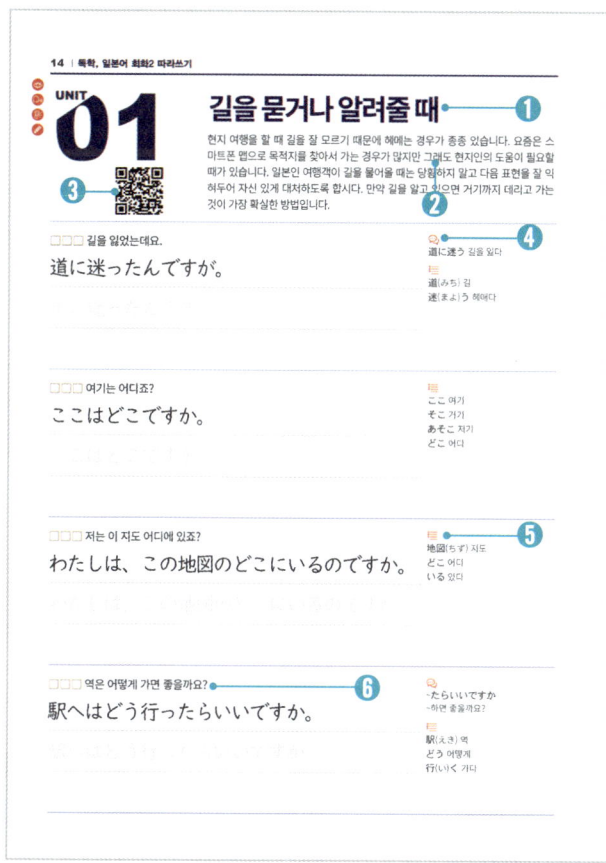
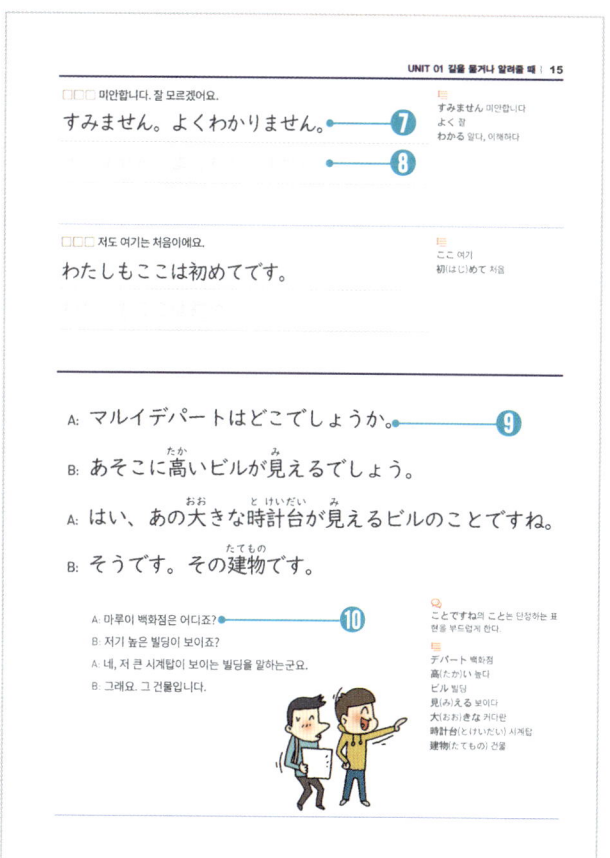

❶ 일상생활에서 일어날 수 있는 다양한 상황에 맞춰 즉석에서 바로 찾아 활용할 수 있도록 50개의 장면으로 분류하였습니다.

❷ 회화에 들어가기 전에 체크 포인트를 통해 일본문화와 어법, 그리고 회화의 쓰임과 활용에 대해서 친절하게 설명하였습니다.

❸ 스마트폰 카메라로 QR코드를 체크하면 동영상으로 우리말 해석과 일본인의 음성이 나옵니다. 큰소리로 따라읽으면서 정확한 발음을 익히시길 바랍니다.

❹ 각 패턴의 문장마다 어법 설명을 간략하게 두어 회화문을 잘 이해할 수 있습니다.

❺ 문장에 나오는 단어를 뜻과 함께 정리하였으며, 한자의 경우 요미가나(읽기)를 모두 풀이하였습니다.

❻ 모든 패턴은 일본어보다 우리말 해석을 먼저 두어 회화문을 한눈에 파악할 수 있습니다.

❼ 각 유닛마다 일상생활에 꼭 필요하 쉽고 간편한 기본 회화문을 6개씩 두어 충분히 상황에 적용할 수 있도록 하였습니다.

❽ 주어진 회화문은 먼저 따라쓰기를 할 수 있습니다. 따라쓰기를 마친 다음 큰소리로 읽으면서 쓰기에 도전할 수 있도록 빈줄을 마련했습니다.

❾ 기본화화를 쓰면서 익힌 다음 실제 대화에서는 어떻게 응용되는지 자연스러운 대화문을 통해 다시 확인할 수 있습니다.

❿ 대화문의 우리말 해석을 바로 확인할 수 있도록 그 밑에 두었습니다. 옆에는 대화문에 나오는 어법과 단어를 두어 문장 이해를 돕도록 했습니다.

□□□ 〈체크상자〉 일본어는 쓰기가 답이다!
1. 적혀 있는 그대로 읽으면서 따라쓰다.
2. 일본인의 정확한 발음을 들으면서 쓴다.
3. 문장을 최대한 머릿속에 떠올리면서 쓴다.

이 책의 내용

PART 01

일상 생활 여행 표현

01 길을 묻거나 알려줄 때 14
02 택시를 탈 때 16
03 버스를 탈 때 18
04 전철·지하철을 탈 때 20
05 열차를 탈 때 22
06 비행기를 탈 때 26
07 자동차를 운전할 때 28
08 숙박할 때 30
09 식당에서 32
10 음료와 술을 마실 때 34
11 관광안내소에서 38
12 관광지에서 40
13 관람할 때 42
14 사진을 찍을 때 44
15 쇼핑할 때 46
16 물건을 찾을 때 50
17 물건을 고를 때 52
18 물건 값을 계산할 때 54
19 포장이나 배달을 원할 때 56
20 교환이나 환불을 원할 때 58
21 은행에서 62
22 우체국에서 64
23 이발소에서 66
24 미용실에서 68
25 세탁소에서 70

PART 02

전화 사교 긴급 표현

01 전화를 걸 때 ······ 76
02 전화를 받을 때 ······ 78
03 찾는 사람이 부재중일 때 ······ 80
04 메시지를 부탁할 때 ······ 82
05 약속을 청할 때 ······ 84
06 약속 제의에 응답할 때 ······ 88
07 초대할 때 ······ 90
08 초대에 응답할 때 ······ 92
09 방문할 때 ······ 94
10 방문객을 맞이할 때 ······ 96
11 방문객을 대접할 때 ······ 100
12 방문을 마칠 때 ······ 102
13 난처할 때 ······ 104
14 말이 통하지 않을 때 ······ 106
15 위급한 상황일 때 ······ 108
16 물건을 분실했을 때 ······ 112
17 도난당했을 때 ······ 114
18 교통사고가 났을 때 ······ 116
19 병원에서 ······ 118
20 증세를 물을 때 ······ 120
21 증상을 설명할 때 ······ 124
22 아픈 곳을 말할 때 ······ 126
23 검진을 받을 때 ······ 128
24 입퇴원 또는 병문안할 때 ······ 130
25 약국에서 ······ 132

🔊 히라가나와 가타카나

일본어 문자 표기에는 히라가나, 가타카나, 한자, 이 세 가지를 병용해서 사용합니다. 히라가나는 인쇄나 필기 등의 모든 표기에 쓰이는 기본 문자이며, 가타카나는 주로 외래어를 표기할 때 사용합니다. *가타카나는 별색으로 표시하였습니다.

あ ア 아 a	い イ 이 i	う ウ 우 u	え エ 에 e	お オ 오 o
か カ 카 ka	き キ 키 ki	く ク 쿠 ku	け ケ 케 ke	こ コ 코 ko
さ サ 사 sa	し シ 시 si	す ス 스 su	せ セ 세 se	そ ソ 소 so
た タ 타 ta	ち チ 치 chi	つ ツ 츠 tsu	て テ 테 te	と ト 토 to
な ナ 나 na	に ニ 니 ni	ぬ ヌ 누 nu	ね ネ 네 ne	の ノ 노 no
は ハ 하 ha	ひ ヒ 히 hi	ふ フ 후 h(f)u	へ ヘ 헤 he	ほ ホ 호 ho
ま マ 마 ma	み ミ 미 mi	む ム 무 mu	め メ 메 me	も モ 모 mo
や ヤ 야 ya		ゆ ユ 유 yu		よ ヨ 요 yo
ら ラ 라 ra	り リ 리 ri	る ル 루 ru	れ レ 레 re	ろ ロ 로 ro
わ ワ 와 wa				を ヲ 오 o
ん ン 응 n,m,ng				

🔊 탁음과 반탁음

か さ た は행의 글자 오른쪽 윗부분에 탁점(゛)을 붙인 음을 탁음이라고 하며, 반탁음은 は행의 오른쪽 윗부분에 반탁점(゜)을 붙인 것을 말합니다.

が ガ 가 ga	ぎ ギ 기 gi	ぐ グ 구 gu	げ ゲ 게 ge	ご ゴ 고 go
ざ ザ 자 za	じ ジ 지 zi	ず ズ 즈 zu	ぜ ゼ 제 ze	ぞ ゾ 조 zo
だ ダ 다 da	ぢ ヂ 지 zi	づ ヅ 즈 zu	で デ 데 de	ど ド 도 do
ば バ 바 ba	び ビ 비 bi	ぶ ブ 부 bu	べ ベ 베 be	ぼ ボ 보 bo
ぱ パ 파 pa	ぴ ピ 피 pi	ぷ プ 푸 pu	ぺ ペ 페 pe	ぽ ポ 포 po

🔊 발음

ん은 단어의 첫머리에 올 수 없으며 항상 다른 글자 뒤에 쓰여 우리말의 받침과 같은 구실을 합니다. ん 다음에 오는 글자의 영향에 따라 다음과 같은 소리가 납니다.

- **ㅇ** ん(ン) 다음에 か が행의 글자가 이어지면 「ㅇ」으로 발음한다.
  えんき [엥끼] 연기　　　　ミンク [밍꾸] 밍크

- **ㄴ** ん(ン) 다음에 さ ざ た だ な ら행의 글자가 이어지면 「ㄴ」으로 발음한다.
  かんし [간시] 감시　　　　はんたい [한따이] 반대
  ヒント [힌또] 힌트　　　　パンダ [판다] 팬더

- **ㅁ** ん(ン) 다음에 ま ば ぱ행의 글자가 이어지면 「ㅁ」으로 발음한다.
  あんま [암마] 안마　　　　テンポ [템뽀] 템포

- **ㅇ** ん(ン) 다음에 あ は や わ행의 글자가 이어지면 「ㄴ」과 「ㅇ」의 중간음으로 발음한다. 또한 단어 끝에 ん이 와도 마찬가지이다.
  れんあい [렝아이] 연애　　　にほん [니홍] 일본

🔊 요음

요음이란 い단 글자 중 자음에 반모음의 작은 글자 ゃゅょ를 붙인 음으로 우리말의 ㅑ ㅠ ㅛ 같은 역할을 합니다.

きゃ キャ 캬 kya	きゅ キュ 큐 kyu	きょ キョ 쿄 kyo
しゃ シャ 샤 sha(sya)	しゅ シュ 슈 shu(syu)	しょ ショ 쇼 sho(syo)
ちゃ チャ 챠 cha(tya)	ちゅ チュ 츄 chu(tyu)	ちょ チョ 쵸 cho(tyo)
にゃ ニャ 냐 nya	にゅ ニュ 뉴 nyu	にょ ニョ 뇨 nyo
ひゃ ヒャ 햐 hya	ひゅ ヒュ 휴 hyu	ひょ ヒョ 효 hyo
みゃ ミャ 먀 mya	みゅ ミュ 뮤 myu	みょ ミョ 묘 myo
りゃ リャ 랴 rya	りゅ リュ 류 ryu	りょ リョ 료 ryo
ぎゃ ギャ 갸 gya	ぎゅ ギュ 규 gyu	ぎょ ギョ 교 gyo
じゃ ジャ 쟈 zya(ja)	じゅ ジュ 쥬 zyu(ju)	じょ ジョ 죠 zyo(jo)
びゃ ビャ 뱌 bya	びゅ ビュ 뷰 byu	びょ ビョ 뵤 byo
ぴゃ ピャ 퍄 pya	ぴゅ ピュ 퓨 pyu	ぴょ ピョ 표 pyo

🔊 촉음

촉음은 つ를 작을 글자 っ로 표기하며 뒤에 오는 글자의 영향에 따라 우리말 받침의 ㄱ ㅅ ㄷ ㅂ으로 발음합니다.

ㄱ 촉음인 っ(ッ) 다음에 か き く け こ가 이어지면 「ㄱ」으로 발음한다.
　　けっか [겍까] 결과　　　　サッカー [삭까-] 사커, 축구

ㅅ 촉음인 っ(ッ) 다음에 さ し す せ そ가 이어지면 「ㅅ」으로 발음한다.
　　さっそく [삿소꾸] 속히, 재빨리　　クッション [쿳숑] 쿠션

ㅂ 촉음인 っ(ッ) 다음에 ぱ ぴ ぷ ぺ ぽ가 이어지면 「ㅂ」으로 발음한다.
　　いっぱい [입빠이] 가득　　　　ヨーロッパ [요-롭빠] 유럽

ㄷ 촉음인 っ(ッ) 다음에 た ち つ て と가 이어지면 「ㄷ」으로 발음한다.
　　きって [긷떼] 우표　　　　タッチ [탇찌] 터치

*이 책에서는 ㄷ으로 발음하는 경우는 편의상 ㅅ으로 표기하였다.

🔊 장음

장음이란 같은 모음이 중복될 때 앞의 발음을 길게 발음하는 것을 말합니다. 카타카나에서는 장음부호를 ー로 표기합니다.

あ あ단에 모음 あ가 이어질 경우 뒤의 모음인 あ는 장음이 된다.
　　おかあさん [오까-상] 어머니　　スカート [스까-또] 스커트

い い단에 모음 い가 이어질 경우 뒤의 모음인 い는 장음이 된다.
　　おじいさん [오지-상] 할아버지　　タクシー [타꾸시-] 택시

う う단에 모음 う가 이어질 경우 뒤의 모음인 う는 장음이 된다.
　　くうき [쿠-끼] 공기　　スーパー [스-빠-] 슈퍼

え え단에 모음 え나 い가 이어질 경우 뒤의 모음인 え와 い는 장음이 된다.
　　おねえさん [오네-상] 누님, 누나　　えいが [에-가] 영화

お お단에 모음 お나 う가 이어질 경우 뒤의 모음인 お와 う는 장음이 된다.
　　こおり [코-리] 얼음　　とうふ [토-후] 두부

따라쓰기만 해도 프리토킹에 강해진다!

PART 01

일상생활·여행 표현

UNIT 01 길을 묻거나 알려줄 때

현지 여행을 할 때 길을 잘 모르기 때문에 헤메는 경우가 종종 있습니다. 요즘은 스마트폰 맵으로 목적지를 찾아서 가는 경우가 많지만 그래도 현지인의 도움이 필요할 때가 있습니다. 일본인 여행객이 길을 물어올 때는 당황하지 말고 다음 표현을 잘 익혀두어 자신 있게 대처하도록 합시다. 만약 길을 알고 있으면 거기까지 데리고 가는 것이 가장 확실한 방법입니다.

□□□ 길을 잃었는데요.

道に迷ったんですが。

道に迷ったんですが。

> 道に迷う 길을 잃다
>
> 道(みち) 길
> 迷(まよ)う 헤매다

□□□ 여기는 어디죠?

ここはどこですか。

ここはどこですか。

> ここ 여기
> そこ 거기
> あそこ 저기
> どこ 어디

□□□ 저는 이 지도 어디에 있죠?

わたしは、この地図のどこにいるのですか。

わたしは、この地図のどこにいるのですか。

> 地図(ちず) 지도
> どこ 어디
> いる 있다

□□□ 역은 어떻게 가면 좋을까요?

駅へはどう行ったらいいですか。

駅へはどう行ったらいいですか。

> ~たらいいですか
> ~하면 좋을까요?
>
> 駅(えき) 역
> どう 어떻게
> 行(い)く 가다

UNIT 01 길을 묻거나 알려줄 때 | 15

□□□ 미안합니다. 잘 모르겠어요.

すみません。よくわかりません。

すみません 미안합니다
よく 잘
わかる 알다, 이해하다

□□□ 저도 여기는 처음이에요.

わたしもここは初めてです。

ここ 여기
初(はじ)めて 처음

A: マルイデパートはどこでしょうか。

B: あそこに高(たか)いビルが見(み)えるでしょう。

A: はい、あの大(おお)きな時計台(とけいだい)が見(み)えるビルのことですね。

B: そうです。その建物(たてもの)です。

A: 마루이 백화점은 어디죠?
B: 저기 높은 빌딩이 보이죠?
A: 네, 저 큰 시계탑이 보이는 빌딩을 말하는군요.
B: 그래요. 그 건물입니다.

ことですね의 こと는 단정하는 표현을 부드럽게 한다.

デパート 백화점
高(たか)い 높다
ビル 빌딩
見(み)える 보이다
大(おお)きな 커다란
時計台(とけいだい) 시계탑
建物(たてもの) 건물

UNIT 02 택시를 탈 때

표시등에 빨간색 글자로 空車라고 쓰여 있는 택시는 탈 수 있으며, 왼쪽 뒷문을 자동으로 열어주면 승차합니다. 운전기사에게 행선지를 ~までお願いします(~까지 가 주세요)라고 기사에게 말하고, 목적지를 잘 모를 때는 주소를 보이며 この住所までお願いします(이 주소로 가주세요)라고 말한 다음 내릴 때 요금을 지불하면 됩니다. 물론 신용카드 지불도 가능합니다.

□□□ 택시를 불러 주세요.

タクシーを呼んでください。

タクシーを呼んでください。

タクシー 택시
呼(よ)ぶ 부르다

□□□ 택시승강장은 어디에 있어요?

タクシー乗り場はどこですか。

タクシー乗り場はどこですか。

タクシー乗り場(のりば) 택시 승강장
どこ 어디

□□□ 트렁크를 열어 주세요.

トランクを開けてください。

トランクを開けてください。

トランク 트렁크
開(あ)ける 열다

□□□ 이리 가 주세요.

ここへ行ってください。

ここへ行ってください。

기사에게 주소를 보이며 목적지를 말할 때 쓰인다.

ここへ 여기로
行(い)く 가다

UNIT 02 택시를 탈 때 | 17

□□□ 공항까지 가 주세요.

空港までお願いします。

空港までお願いします。

💬 목적지를 말할 때 쓰이는 표현이다.

空港(くうこう) 공항
~まで ~까지
願(ねが)う 부탁하다

□□□ 여기서 세워 주세요.

ここで止めてください。

ここで止めてください。

💬 목적지에 도착했을 때 쓰이는 표현이다.

ここで 여기서
止(と)める 멈추다, 세우다

A: どちらまでですか。

B: 上野駅(うえのえき)までお願(ねが)いします。

A: はい、わかりました。お荷物(にもつ)はありませんか。

B: ここに旅行(りょこう)かばんが一(ひと)つあります。

A: 어디까지 가세요?
B: 우에노 역까지 부탁해요.
A: 네, 알겠습니다. 짐은 없습니까?
B: 여기 여행가방이 하나 있습니다.

どちらまで 어디까지
駅(えき) 역
お願(ねが)いする 부탁드리다
わかる 알다
荷物(にもつ) 짐
ここ 여기
旅行(りょこう) 여행
かばん 가방
一(ひと)つ 하나

UNIT 03 버스를 탈 때

일본의 버스요금은 전 노선이 균일한 데도 있고, 거리에 따라서 요금이 가산되는 곳도 있습니다. 요즘은 전자식 IC카드 이용이 가능하며, 탑승구 오른쪽에 장착된 단말기에 터치한 후 내릴 때 운전사 옆에 장착된 단말기를 터치하면 자동으로 요금이 정산되므로, 이동 거리에 따라 요금이 달라지는 일본에서는 현금보다는 카드를 사용하는 것이 편리합니다.

□□□ 버스정류장은 어디에 있어요?

バス停はどこにありますか。

バス停はどこにありますか。

バス停(てい) 버스정류장
どこに 어디에

□□□ 여기 버스정류장에서 내리면 돼요?

ここのバス停で降りればいいですか。

ここのバス停で降りればいいですか。

~ばいいですか ~하면 됩니까?
バス停(てい) 버스정류장
降(お)**りる** 내리다

□□□ 이 버스는 공원까지 가나요?

このバスは公園まで行きますか。

このバスは公園まで行きますか。

バス 버스
公園(こうえん) 공원
~まで ~까지
行(い)**く** 가다

□□□ 저기요. 이 자리는 비어 있어요?

すみません、この席は空いていますか。

すみません、この席は空いていますか。

すみません은 사죄의 표현으로 사람을 부를 때도 많이 쓰인다.

すみません 미안합니다
席(せき) 자리
空(あ)**く** 비다

UNIT 03 버스를 탈 때

☐☐☐ 여기요, 내릴게요.

すみません、降ります。

すみません、降ります。

> バスに乗(の)る 버스를 타다
> 降(お)りる 내리다

☐☐☐ 버스터미널은 어디에 있어요?

バスターミナルはどこにありますか。

バスターミナルはどこにありますか。

> バスターミナル 버스터미널
> どこ 어디

A: すみませんが、銀座(ぎんざ)へ行(い)くには、何番(なんばん)のバスに乗(の)ればいいですか。

B: 2番(にばん)です。

A: 切符(きっぷ)はどこで買(か)いますか。

B: すぐそこの店(みせ)で買(か)えます。

A: 죄송합니다만, 긴자에 가려면 몇 번 버스를 타야 합니까?
B: 2번입니다.
A: 표는 어디서 삽니까?
B: 바로 거기 가게에서 살 수 있어요.

> 동사 기본형에 には를 접속하면 '~하려면'의 뜻으로 조건을 나타낸다.
>
> 行(い)くには 가려면
> 何番(なんばん) 몇 번
> バス 버스
> 乗(の)る 타다
> 切符(きっぷ) 표
> どこ 어디
> 買(か)う 사다
> すぐ 곧, 곧장
> 店(みせ) 가게
> 買(か)える 살 수 있다

UNIT 04 전철·지하철을 탈 때

교통수단을 이용할 때는 우선 노선도를 구하도록 합시다. 전철이나 지하철 노선도는 어느 역에서나 무료로 얻을 수가 있습니다. 전철이나 지하철을 탈 경우에는 먼저 표를 자동판매기로 구입합니다. 보통 판매기 위쪽에 노선도가 걸려 있기 때문에 역의 이름과 요금을 알 수 있습니다. 목적지까지의 표를 구입한 다음에 개찰구를 통과하여 탑승하면 됩니다.

□□□ 가장 가까운 역은 어디인가요?

最寄りの駅はどこですか。

最寄りの駅はどこですか。

最寄(もよ)り 가장 가까운, 근처
駅(えき) 역
どこ 어디

□□□ 지하철의 노선도는 없나요?

地下鉄の路線図はありませんか。

地下鉄の路線図はありませんか。

地下鉄(ちかてつ) 지하철
路線図(ろせんず) 노선도

□□□ 이 전철을 타면 되나요?

この電車に乗ればいいですか。

この電車に乗ればいいですか。

電車은 지상으로 달리는 전철을 말한다.
~に乗る ~을(를) 타다

電車(でんしゃ) 전철
乗(の)る 타다

□□□ 이 역은 급행전철이 서나요?

この駅は急行電車は止まりますか。

この駅は急行電車は止まりますか。

各駅停車(かくえきていしゃ) 각 역마다 정차하는 전철

駅(えき) 역
急行(きゅうこう) 급행
電車(でんしゃ) 전철, 전차
止(と)まる 멈추다, 서다

□□□ 마지막 전철은 몇 시인가요?

終電は何時ですか。

終電は何時ですか。

終電(しゅうでん) 마지막 전철
何時(なんじ) 몇 시

□□□ 어느 역에서 갈아타나요?

どの駅で乗り換えるのですか。

どの駅で乗り換えるのですか。

どの 어느
駅(えき) 역
乗(の)り換(か)える 갈아타다

A: 上野まで直行ですか。

B: いいえ、新宿まで行って山の手線に乗り換えなければなりません。

A: どこで乗りますか。

B: 3番ホームで丸の内線にお乗りください。

A: 우에노까지 직행입니까?
B: 아니요, 신주쿠까지 가서 야마노테 선으로 갈아타야 해요.
A: 어디서 탑니까?
B: 3번 홈에서 마루노우치 선을 타십시오.

~なければなりません ~하지 않으면 안됩니다
お~ください ~해주십시오

直行(ちょっこう) 직행
乗(の)り換(か)える 갈아타다
乗(の)る 타다
ホーム 홈

UNIT 05 열차를 탈 때

일본의 철도는 시간이 정확한 것과 안전성이 높기로 유명합니다. 최대 규모의 JR(일본철도) 그룹은 일본 전역의 그물망같은 노선망을 정비하고 있습니다. 열차표의 요금은 거리에 따라 다르며, 특급, 급행 등의 운행 형태나 좌석 형태에 따라서도 추가요금이 별도로 필요합니다. 열차표는 역 구내의 창구(みどりの窓口)나 각 역에 설치된 자동판매기에서 구입이 가능합니다.

□□□ 매표소는 어디에 있어요?

切符売り場はどこですか。

切符売り場はどこですか。

切符(きっぷ) 표
売り場(うりば) 매장

□□□ 도쿄까지 편도를 주세요.

東京までの片道切符をください。

東京までの片道切符をください。

東京(とうきょう) 도쿄
~までの ~까지의
片道(かたみち) 편도 ↔
往復(おうふく) 왕복
切符(きっぷ) 표

□□□ 더 이른 열차는 없어요?

もっと早い列車はありませんか。

もっと早い列車はありませんか。

もっと 더욱
早(はや)い 이르다, 빠르다 ↔
遅(おそ)い 늦다
列車(れっしゃ) 열차

□□□ 이건 교토행인가요?

これは京都行きですか。

これは京都行きですか。

京都(きょうと) 교토
~行(ゆ)き ~행

UNIT 05 열차를 탈 때 | 23

☐☐☐ 중간에 내릴 수 있어요?

途中で下車はできますか。

途中で下車はできますか。

- 途中(とちゅう) 도중
- 下車(げしゃ) 하차 ↔
- 乗車(じょうしゃ) 승차
- できる 할 수 있다

☐☐☐ 열차를 놓치고 말았어요.

列車に乗り遅れてしまいました。

列車に乗り遅れてしまいました。

- 列車(れっしゃ) 열차
- 乗(の)り遅(おく)れる (차·배 등을) 놓치다, 시간이 늦어 못 타다
- ~てしまう ~해버리다

A: すみません。切符売り場はどこですか。

B: この通路に沿って行くと右にあります。

A: 奈良行きの特急往復切符1枚ください。

B: いつですか。

A: 실례합니다. 매표소는 어디입니까?
B: 이 통로를 따라가면 오른쪽에 있습니다.
A: 나라 행 특급 왕복 표 1장 주세요.
B: 언제입니까?

~に沿って行く ~을(를) 따라가다

- 切符(きっぷ) 표
- 売り場(うりば) 매장
- 通路(つうろ) 통로
- 沿(そ)う 따르다
- 右(みぎ) 오른쪽
- ~行(ゆ)き ~행
- 特急(とっきゅう) 특급
- 往復(おうふく) 왕복
- 1枚(いちまい) 한 장
- いつ 언제

▎ 우리말 해석을 보고 빈칸에 알맞은 일본어를 써넣으세요.

01. 길을 잃었는데요.

道に □□□ んですが。

02. 역은 어떻게 가면 좋을까요?

駅へはどう □□□□ いいですか。

03. 택시를 불러 주세요.

□□□□ を呼んでください。

04. 이리 가 주세요.

□□□ 行ってください。

05. 버스정류장은 어디서 있어요?

□□□ はどこにありますか。

06. 이 버스는 공원까지 가나요?

この □□ は公園まで行きますか。

07. 가장 가까운 역은 어디인가요?

最寄りの □ はどこですか。

08. 어느 역에서 갈아타나요?

どの駅で □□□□□ のですか。

09. 도쿄까지 편도를 주세요.

東京までの片道 □□ をください。

10. 더 이른 열차는 없어요?

もっと早い □□ はありませんか。

대화 내용의 우리말 해석을 보고 밑줄에 일본어로 써보세요.

A: マルイデパートは _____
B: あそこに高いビルが見えるでしょう。

A: 마루이 백화점은 어디죠?
B: 저기 높은 빌딩이 보이죠?

A: どちらまでですか。
B: 上野駅 _____

A: 어디까지 가세요?
B: 우에노 역까지 부탁해요.

A: 切符は _____
B: すぐそこの店で買えます。

A: 표는 어디서 삽니까?
B: 바로 거기 가게에서 살 수 있어요.

A: _____
B: 3番ホームで丸の内線にお乗りください。

A: 어디서 탑니까?
B: 3번 홈에서 마루노우치 선을 타십시오.

A: すみません。_____
B: この通路に沿って行くと右にあります。

A: 실례합니다. 매표소는 어디입니까?
B: 이 통로를 따라가면 오른쪽에 있습니다.

UNIT 06 비행기를 탈 때

일본은 철도 노선이 발달되어 있기 때문에 일본 국내에서 이동은 비행기보다는 신칸센 등 철도를 이용하는 게 편리할 수도 있습니다. 하지만 일본항공(JAL), 전일공(ANA)을 비롯한 여러 항공사가 일본 전역에 걸쳐 광범위하게 노선을 운항하고 있습니다. 일정이 바쁜 여행자 혹은 신칸센이 운행되지 않는 지역으로 갈 때에는 국내선 이용이 편리할 수도 있습니다.

□□□ 비행기 예약을 부탁할게요.

フライトの予約をお願いします。

フライトの予約をお願いします。

航空便(こうくうびん) 항공편

フライト 비행기
予約(よやく) 예약
お願(ねが)いする 부탁드리다

□□□ 지금 체크인할 수 있어요?

今チェックインできますか。

今チェックインできますか。

今(いま) 지금
チェックイン 체크인
できる 할 수 있다

□□□ 이 짐은 기내로 가져 갈 거예요.

この荷物は機内持ち込みです。

この荷物は機内持ち込みです。

荷物(にもつ) 짐
機内(きない) 기내
持(も)ち込(こ)む 가지고 들어가다

□□□ 이 짐을 맡길게요.

この荷物を預けます。

この荷物を預けます。

~ます(~합니다)는 '~하겠습니다'의 뜻으로 동작의 의지를 나타내기도 한다.

荷物(にもつ) 짐
預(あず)ける 맡기다

□□□ 탑승은 시작되었어요?
搭乗は始まっていますか。

搭乗は始まっていますか。

搭乗(とうじょう) 탑승
始(はじ)まる 시작되다

□□□ 몇 번 출구로 나가면 되죠?
何番ゲートに行けばいいのですか。

何番ゲートに行けばいいのですか。

~ばいいのですか ~하면 되나요?

何番(なんばん) 몇 번
ゲート 게이트
行(い)く 가다

A: 出発時刻(しゅっぱつじこく)を確認(かくにん)したいのですがか。

B: お名前(なまえ)をお願(ねが)いします。

A: 金永秀(キムヨンス)と言(い)います。

B: 少々(しょうしょう)お待(ま)ちくださいませ。(…)はい。ご予約(よやく)を確認(かくにん)させていただきました。

A: 출발 시각을 확인하고 싶은데요.
B: 성함을 말씀해 주세요.
A: 김영수라고 합니다.
B: 잠시만 기다려 주세요. (…) 자. 예약을 확인했습니다.

出発(しゅっぱつ) 출발
時刻(じこく) 시각
確認(かくにん)する 확인하다
お名前(なまえ) 이름
お願(ねが)いする 부탁드리다
~と言(い)う ~라고 하다
少々(しょうしょう) 잠시
待(ま)つ 기다리다
予約(よやく) 예약
~させていただく ~시켜서 받다 (하다)

UNIT 07 자동차를 운전할 때

주요 도로의 대부분은 일본어와 영어 표지판을 사용하며 지방의 소도시에서는 표지판이 많지 않은 경우가 있습니다. 주요 도시 이외의 지역에서 운전을 계획한다면 출발 전에 신뢰할 수 있는 지도 맵, 네비게이션을 준비하는 것이 좋습니다. 렌터카를 이용하고 싶은 경우는 사전에 예약하는 것이 좋으며, 참고로 일본에서는 차는 좌측통행이며 고속도로는 유료입니다.

□□□ 렌터카 목록을 보여 주세요.

レンタカーリストを見せてください。

レンタカーリストを見せてください。

レンタカー 렌터카
リスト 리스트, 목록
見(み)せる 보이다

□□□ 저는 오토매틱밖에 운전하지 못해요.

わたしはオートマチックしか運転できません。

わたしはオートマチックしか運転できません。

オートマチック 오토매틱
~しか ~밖에
運転(うんてん) 운전
できる 할 수 있다

□□□ 도로지도를 주시겠어요?

道路地図をいただけますか。

道路地図をいただけますか。

いただけますか보다 가볍게 말할 때는 もらえますか라고 한다.

道路(どうろ) 도로
地図(ちず) 지도
いただく 받다

□□□ 이 근처에 주유소가 있어요?

この近くにガソリンスタンドはありますか。

この近くにガソリンスタンドはありますか。

近(ちか)く 근처
ガソリンスタンド 주유소

UNIT 07 자동차를 운전할 때

☐☐☐ 여기에 주차해도 될까요?

ここに駐車してもいいですか。

ここに駐車してもいいですか。

~てもいいですか ~해도 됩니까?
駐車場(ちゅうしゃじょう) 주차장

ここに 여기에
駐車(ちゅうしゃ)する 주차하다

☐☐☐ 차를 반환할게요.

車を返します。

車を返します。

車(くるま) 차
返(かえ)す 되돌리다

A: 駅までお送りします。

B: ええ、乗せていただけると助かります。

A: わたしもその近くまで行くところです。さあ、お乗りください。

B: じゃあ、お世話になります。

A: 역까지 모셔다 드릴게요.
B: 네, 태워 주시면 감사하겠습니다.
A: 저도 그 근처까지 가는 길이에요. 자, 타세요.
B: 그럼, 신세를 지겠습니다.

お~する는 겸양표현으로 우리말의 '~해드리다'에 해당한다.
동사의 기본형에 ところです를 접속하면 '~하는 중입니다'의 뜻으로 동작이 진행중임을 나타낸다.

駅(えき) 역
送(おく)る 보내다
乗(の)せる 태우다
助(たす)かる 도움이 되다, 구조되다
お世話(せわ)になる 신세를 지다

UNIT 08 숙박할 때

호텔을 현지에서 찾을 때는 공항이나 시내의 観光案内所에서 물어보도록 합시다. 예약을 해 주기도 하지만, 가능하면 한국에서 출발하기 전에 예약을 해두는 것이 좋습니다. 호텔의 체크인 시각은 보통 오후 2시부터입니다. 호텔 도착 시간이 오후 6시를 넘을 때는 예약이 취소되는 경우도 있으므로 늦을 경우에는 호텔에 도착시간을 전화로 알려두는 것이 좋습니다.

□□□ 예약은 안 했는데요.

予約はしていませんが。

予約はしていませんが。

> まだ~ていません 아직 ~하지 않았습니다
> 予約(よやく) 예약

□□□ 방을 보여 주세요.

部屋を見せてください。

部屋を見せてください。

> 部屋(へや) 방
> 見(み)せる 보이다

□□□ 좀 더 좋은 방은 없어요?

もっとよい部屋はありませんか。

もっとよい部屋はありませんか。

> もっと 더욱
> よい 좋다
> 部屋(へや) 방

□□□ 룸서비스는 있어요?

ルームサービスはありますか。

ルームサービスはありますか。

> ルームサービス 룸서비스

UNIT 08 숙박할 때 | 31

☐☐☐ 방을 바꿔 주세요.

部屋を替えてください。

部屋を替えてください。

部屋(へや) 방
替(か)える 바꾸다, 교체하다

☐☐☐ 체크아웃 할게요.

チェックアウトをお願いします。

チェックアウトをお願いします。

チェックアウト 체크아웃 ↔
チェックイン 체크인
願(ねが)う 부탁하다

A: いらっしゃいませ。

B: 先週、予約をしたんですけど。
　　せんしゅう　よやく

A: お名前は何とおっしゃいますか。
　　なまえ　なん

B: 金永秀ですが。
　　キムヨンス

A: 어서 오십시오.
B: 지난주에 예약을 했는데요.
A: 성함이 어떻게 되십니까?
B: 김영수인데요.

~ですけど는 ~ですが의 회화체로 뒤를 말하다 마는 형식으로 완곡한 기분을 나타낸다.

先週(せんしゅう) 지난주
予約(よやく) 예약
お名前(なまえ) 이름, 성함
おっしゃる 말씀하시다

UNIT 09 식당에서

말이 잘 통하지 않더라도 대부분의 식당이 메뉴와 함께 그 요리에 관한 사진이 있습니다. 그러므로 메뉴를 보면 그 요리 내용을 대충 알 수 있습니다. 메뉴를 보고 싶을 때는 종업원에게 メニューを見せてくれますか라고 합니다. 주문할 요리가 정해지면 메뉴를 가리키며 これをください라고 하면 일본어를 모르더라도 종업원은 금방 알아차리고 요리 주문을 받을 수 있습니다.

□□□ 메뉴 좀 보여 주세요.

メニューを見せてください。

メニューを見せてください。

> メニュー 메뉴
> 見(み)せる 보이다

□□□ 주문하시겠습니까?

ご注文をなさいますか。

ご注文をなさいますか。

> 注文(ちゅうもん) 주문
> なさる 하시다

□□□ 주문받으세요.

注文をしたいのですが。

注文をしたいのですが。

> 注文(ちゅうもん) 주문
> したい 하고 싶다

□□□ 이것과 이것을 주세요.

これとこれをお願いします。

これとこれをお願いします。

> 메뉴를 가리키면서 주문할 때 쓰이는 표현이다.
>
> お願(ねが)いする 부탁드리다

UNIT 09 식당에서 | 33

□□□ 나도 같은 것으로 주세요.

わたしにも同じ物をお願いします。

わたしにも同じ物をお願いします。

💬 함께 식사하는 사람의 주문과 같은 것을 시킬 때 쓰는 표현이다.

同じ物(おなじもの) 같은 것
願(ねが)う 부탁하다

□□□ 저것과 같은 요리를 주세요.

あれと同じ料理をください。

あれと同じ料理をください。

💬 다른 쪽 테이블의 음식을 보고 시킬 때 쓰는 표현이다.

あれと 저것과
同(おな)**じ** 같은
料理(りょうり) 요리

A: いらっしゃいませ。何名様(なんめいさま)ですか。

B: 二人(ふたり)ですが。

A: お好(す)きなところにおかけください。

B: メニューをください。

A: 어서 오십시오. 몇 분이세요?
B: 두 사람인데요.
A: 원하시는 곳에 앉으십시오.
B: 메뉴판을 주세요.

💬 환영할 때 쓰이는 **いらっしゃいませ**는 줄여서 **いらっしゃい**라고도 한다.

何名様(なんめいさま) 몇 분
二人(ふたり) 두 사람
好(す)**きだ** 좋아하다
ところ 곳
かける 걸터앉다
お~ください ~해주십시오
メニュー 메뉴

UNIT 10 음료와 술을 마실 때

카페나 다방은 커피나 차를 마시면서 상대와 대화를 차분하게 할 수 있는 좋은 공간입니다. 차를 마시자고 권할 때는 お茶をどうぞ라고 하면 됩니다. 또한 술을 마시는 건 어느 나라에서나 훌륭한 사교 수단의 하나입니다. 술을 마시다 보면 허심탄회한 이야기를 나눌 수 있고 일본어를 구사하는 데 있어서도 훨씬 자연스럽고 부담이 없음을 느낄 수 있을 것입니다.

□□□ 커피를 마실까요?

コーヒーを飲みましょうか。

コーヒーを飲みましょうか。

> お茶(ちゃ) 차 / ジュース 주스
> コーラ 콜라
>
> コーヒー 커피
> 飲(の)む 마시다

□□□ 어디에서 한잔 할까요?

どこかで一杯やりましょうか。

どこかで一杯やりましょうか。

> ビール 맥주 / ウイスキー 위스키
> 酒(さけ) 청주 / 焼酎(しょうちゅう) 소주
>
> どこかで 어딘가에서
> 一杯(いっぱい) 한 잔
> やる 하다

□□□ 건배!

乾杯!

乾杯!

> 乾杯(かんぱい) 건배

□□□ 술이 상당히 세 보이네요.

お酒がなかなか強そうですね。

お酒がなかなか強そうですね。

> 형용사의 어간에 そうです를 접속하면 그렇게 보인다는 양태를 나타낸다.
>
> お酒(さけ) 술
> なかなか 상당히
> 強(つよ)い 세다, 강하다
> ~そうだ ~처럼 보이다, 것 같다

UNIT 10 음료와 술을 마실 때 | 35

☐☐☐ 저는 별로 못 마셔요.

わたしはあまり飲めないんですよ。

わたしはあまり飲めないんですよ。

あまり 그다지, 별로
飲(の)める 마실 수 있다, 飲む의 가능형

☐☐☐ 잠깐 술을 깰게요.

ちょっと酔いをさますよ。

ちょっと酔いをさますよ。

ちょっと 좀
酔(よ)う 취하다
さます 깨다

A: 何になさいますか。

B: 日本のビールを飲んでみたいです。

A: アサヒとサッポロがありますが、どちらになさいますか。

B: とりあえず、アサヒを2本ください。

A: 뭘 드시겠어요?
B: 일본 맥주를 마셔보고 싶습니다.
A: 아사히와 삿포로가 있는데
　어느 것으로 하시겠어요?
B: 일단 아사히를 두 병 주세요.

なさる 하시다
日本(にほん) 일본
ビール 맥주
飲(の)む 마시다
~てみたい ~해보고 싶다
とりあえず 일단, 우선
2本(にほん) 두 병

▮ 우리말 해석을 보고 빈칸에 알맞은 일본어를 써넣으세요.

01. 이 짐은 기내로 가져 갈 거예요.
　この□□は機内持ち込みです。

02. 탑승은 시작되었어요?
　□□は始まっていますか。

03. 렌터카 목록을 보여 주세요.
　□□□□□リストを見せてください。

04. 여기에 주차해도 될까요?
　ここに□□してもいいですか。

05. 좀 더 좋은 방은 없어요?
　もっとよい□□はありませんか。

06. 방을 바꿔 주세요.
　部屋を□□□ください。

07. 주문하시겠습니까?
　ご□□をなさいますか。

08. 나도 같은 것으로 주세요.
　わたしにも□□□をお願いします。

09. 커피를 마실까요?
　□□□□を飲みましょうか。

10. 어디에서 한잔 할까요?
　どこかで□□やりましょうか。

▼ 대화 내용의 우리말 해석을 보고 밑줄에 일본어로 써보세요.

A: 出発時刻を_____
B: お名前をお願いします。

　　A: 출발 시각을 확인하고 싶은데요.
　　B: 성함을 말씀해 주세요.

A: 駅まで_____
B: ええ、乗せていただけると助かります。

　　A: 역까지 모셔다 드릴게요.
　　B: 네, 태워 주시면 감사하겠습니다.

A: 先週、_____
B: お名前は何とおっしゃいますか。

　　A: 지난주에 예약을 했는데요.
　　B: 성함이 어떻게 되십니까?

A: お好きなところにおかけください。
B: _____

　　A: 원하시는 곳에 앉으십시오.
　　B: 메뉴판을 주세요.

A: _____
B: 日本のビールを飲んでみたいです。

　　A: 뭘 드시겠어요?
　　B: 일본 맥주를 마셔보고 싶습니다.

UNIT 11 관광안내소에서

단체여행인 경우는 현지 가이드의 안내에 따라 관광을 하면 되지만, 개인여행인 경우는 현지의 観光案内所를 잘 활용하는 것도 즐거운 여행이 되는 하나의 방법입니다. 관광안내소는 대부분이 시내의 중심부에 있으며 볼거리 소개부터 버스 예약까지 여러 가지 서비스를 하고 있습니다. 무료 시내지도, 지하철 노선도 등이 구비되어 있으므로 정보수집에 매우 편리합니다.

□□□ 관광안내소는 어디에 있어요?

観光案内所はどこですか。

観光案内所はどこですか。

- 観光(かんこう) 관광
- 案内所(あんないじょ) 안내소
- どこ 어디

□□□ 관광 팸플릿을 주세요.

観光パンフレットをください。

観光パンフレットをください。

- 観光(かんこう) 관광
- パンフレット 팸플릿

□□□ 여기서 볼 만한 곳을 알려 주세요.

ここの見どころを教えてください。

ここの見どころを教えてください。

- 見(み)どころ 볼 만한 곳
- 教(おし)える 가르치다

□□□ 관광버스 투어는 없어요?

観光バスツアーはありませんか。

観光バスツアーはありませんか。

- 観光(かんこう) 관광
- バス 버스
- ツアー 투어

UNIT 11 관광안내소에서

☐☐☐ 어떤 투어가 있어요?

どんなツアーがあるんですか。

どんなツアーがあるんですか。

半日(はんにち) 반나절 / 一日中(いちにちじゅう) 하루종일

どんな 어떤
ツアー 투어

☐☐☐ 야간 투어는 있어요?

ナイトツアーはありますか。

ナイトツアーはありますか。

ナイトツアー 야간 투어

A: いらっしゃいませ。ご用件(ようけん)は何(なん)でしょうか。

B: 日帰(ひがえ)りではどこへ行(い)けますか。

A: そうですね。では、箱根(はこね)はいかがでしょうか。

B: 東京(とうきょう)からどのくらいかかりますか。

A: 어서 오십시오. 무슨 용건이세요?
B: 당일치기로는 어디로 갈 수 있나요?
A: 글쎄요. 그럼, 하코네는 어떨까요?
B: 도쿄에서 얼마나 걸리죠?

환영할 때 쓰이는 いらっしゃいませ는 줄여서 いらっしゃい라고도 한다.

用件(ようけん) 용건
日帰(ひがえ)り 당일치기
行(い)ける 갈 수 있다
いかが 어떻게
どのくらい 어느 정도
かかる 걸리다

UNIT 12 관광지에서

일본은 화산, 해안 등 경관이 뛰어나고 온천이 많아서 자연적인 관광자원과 교토, 나라, 가마쿠라 및 도쿄 등 옛 정치중심지에는 역사적인 관광자원이 풍부합니다. 또한 도쿄, 오사카, 나고야 등 대도시에서는 고층건물과 번화가, 공원, 박물관, 미술관 등 경제대국으로서의 일본의 도시적인 관광자원을 다양하게 접할 수 있습니다.

□□□ 저것은 무엇이죠?

あれは何ですか。

あれは何ですか。

あれ 저것
何(なん) 무엇

□□□ 저 건물은 무엇이죠?

あの建物は何ですか。

あの建物は何ですか。

あの 저
建物(たてもの) 건물
何(なん) 무엇

□□□ 저건 뭐라고 하죠?

あれは何と言いますか。

あれは何と言いますか。

あれ 저것
何(なん) 무엇
～と言(い)う ～라고 하다

□□□ 여기서 얼마나 머물죠?

ここでどのくらい止まりますか。

ここでどのくらい止まりますか。

ここで 여기서
どのくらい 어느 정도
止(と)まる 멈추다, 서다

□□□ 몇 시에 버스로 돌아오면 되죠?

何時にバスに戻ってくればいいですか。

何時にバスに戻ってくればいいですか。

~ばいいですか ~하면 됩니까?

何時(なんじ) 몇 시
バス 버스
戻(もど)る 돌아오다

□□□ 몇 시에 돌아와요?

何時に戻りますか。

何時に戻りますか。

何時(なんじ) 몇 시
戻(もど)る 돌아오다

A: このお寺は古いですか。

B: はい、有名なお寺の一つです。

A: こういう所に来ると厳かな気持ちになります。

B: たぶん深い山にあるからなんでしょうね。

A: 이 절은 오래되었습니까?
B: 네, 유명한 절 중 하나예요.
A: 이런 곳에 오면 근엄한 기분이 들어요.
B: 아마 깊은 산에 있기 때문이겠죠.

お寺(てら) 절
古(ふる)い 낡다, 오래되다
有名(ゆうめい)だ 유명하다
一(ひと)つ 하나
こういう 이러한
所(ところ) 곳
厳(おごそ)かだ 엄숙하다
気持(きも)ち 마음, 기분
たぶん 아마
深(ふか)い 깊다
山(やま) 산

UNIT 13 관람할 때

잘 알려진 일본의 유명한 관광지는 비슷비슷한 곳이거나 사람들이 너무 많아 일본의 정취를 느끼기 힘든 것도 사실입니다. 이런 분들은 역사 박물관이나 미술관을 관람하세요. 그밖에 취미생활을 살릴 수 있는 인형, 완구 박물관이 있으며, 과학, 철도 등 이색 박물관이 곳곳에 산재해 있으므로 여행을 떠나기 전에 미리 알아두면 보다 알찬 여행을 즐길 수 있습니다.

□□□ 입장은 유료인가요, 무료인가요?

入場は有料ですか、無料ですか。

入場(にゅうじょう) 입장
有料(ゆうりょう) 유료
無料(むりょう) 무료

□□□ 입장료는 얼마죠?

入場料はいくらですか。

博物館(はくぶつかん) 박물관
美術館(びじゅつかん) 미술관
入場料(にゅうじょうりょう) 입장료
いくら 얼마

□□□ 단체할인은 없나요?

団体割引はありませんか。

大人(おとな) 어른
子供(こども) 어린이
団体(だんたい) 단체
割引(わりびき) 할인

□□□ 이걸로 모든 전시를 볼 수 있어요?

これですべての展示が見られますか。

すべて 모든, 모두
展示(てんじ) 전시
見(み)られる 볼 수 있다

□□□ 전시 팸플릿은 있어요?

展示のパンフレットはありますか。

展示(てんじ) 전시
パンフレット 팸플릿

□□□ 재입관할 수 있어요?

再入館できますか。

再入館(さいにゅうかん) 재입관
できる 할 수 있다

A: 2回目の上映のチケットはありますか。

B: すみません、2回目のチケットは売り切れました。

A: 次の上映は何時からですか。

B: 5時です。

A: 두 번째 상영 티켓은 있나요?
B: 미안합니다, 두 번째 표는 매진되었습니다.
A: 다음 상영은 몇 시부터인가요?
B: 5시입니다.

~回目(かいめ) ~번째
上映(じょうえい) 상영
チケット 티켓
売(う)り切(き)れる 다 팔리다, 매진되다
次(つぎ) 다음
何時(なんじ) 몇 시

UNIT 14 사진을 찍을 때

사진을 촬영하려면 상대에게 写真を撮ってもいいですか라고 먼저 허락을 받고 찍으면 문제가 되지 않지만, 허락없이 멋대로 촬영하면 누구라도 불쾌해 할 것입니다. 요즘 여행객들은 스마트폰으로 쉽게 사진 촬영을 할 수 있기 때문에 함부로 사진을 찍는 경향이 있습니다. 그리고 관광지에서 사진을 촬영하기 전에는 금지구역인지를 알아볼 필요가 있습니다.

□□□ 사진 좀 찍어 주시겠어요?

写真を撮ってもらえませんか。

写真を撮ってもらえませんか。

> 写真を撮る 사진을 찍다
>
> 写真(しゃしん) 사진
> 撮(と)る 찍다
> ~てもらう ~해받다

□□□ 여기서 사진을 찍어도 될까요?

ここで写真を撮ってもいいですか。

ここで写真を撮ってもいいですか。

> 写真(しゃしん) 사진
> 撮(と)る 찍다
> ~てもいい ~해도 좋다

□□□ 여기에서 우리들을 찍어 주세요.

ここからわたしたちを写してください。

ここからわたしたちを写してください。

> 写真を写す 사진을 박다
>
> ここから 여기서
> ~たち ~들
> 写(うつ)す 찍다, 베끼다

□□□ 자, 김치.

はい、チーズ。

はい、チーズ。

> はい는 주의를 촉구하는 소리로도 쓰인다.
>
> チーズ 치즈

UNIT 14 사진을 찍을 때 | 45

□□□ 여러 분, 찍을게요.

皆さん、写しますよ。

皆さん、写しますよ。

皆(みな)さん 여러분
写(うつ)す 찍다, 베끼다

□□□ 한 장 더 부탁할게요.

もう一枚お願いします。

もう一枚お願いします。

もう 더, 더욱
一枚(いちまい) 한 장
お願(ねが)いする 부탁드리다

A: すみません、写真を撮っていただけませんか。

B: はい、どこで撮りましょうか。

A: あの建物の前で撮りたいのですが。

B: ここを見て、笑ってください。はい。

A: 미안합니다, 사진 좀 찍어주시겠어요?
B: 네, 어디서 찍을까요?
A: 저 건물 앞에서 찍고 싶은데요.
B: 여기 보고 웃으세요. 네 좋습니다.

~ていただけませんか(~해 받을 수 없습니까?)는 우리말로 바꾸면 '~해주시겠습니까?'가 자연스럽다.

写真(しゃしん) 사진
撮(と)る 찍다
~ていただく ~해받다
建物(たてもの) 건물
前(まえ) 앞
見(み)る 보다
笑(わら)う 웃다

UNIT 15 쇼핑할 때

일본여행의 선물로 인기가 있는 품목은 카메라, 시계 등 정밀기기와, 기모노, 진주, 도자기, 죽공예품, 판화, 골동품 등의 전통공예품을 들 수 있습니다. 이러한 품목들은 각지의 전문점은 물론, 백화점에서도 쉽게 구입할 수 있습니다. 여행에서 쇼핑도 빼놓을 수 없는 즐거움의 하나입니다. 꼭 필요한 품목은 미리 계획을 짜서 충동구매를 피하도록 합시다.

□□□ 쇼핑가는 어디에 있죠?

ショッピング街はどこですか。

ショッピング街(がい) 쇼핑가 →
商店街(しょうてんがい) 상가
どこ 어디

□□□ 면세점은 어디에 있죠?

免税店はどこにありますか。

免税店(めんぜいてん) 면세점
どこ 어디

□□□ 이 주변에 백화점은 있어요?

この辺りにデパートはありますか。

辺(あた)り 주변, 주위
デパート 백화점

□□□ 그건 어디서 살 수 있어요?

それはどこで買えますか。

どこで 어디에서
買(か)う 사다
→ 買える 살 수 있다

□□□ 그 가게는 오늘 문을 열었어요?

その店は今日開いていますか。

店(みせ) 가게
今日(きょう) 오늘
開(あ)く 열다 ↔
閉(と)じる 닫다

□□□ 몇 시까지 하죠?

何時まで開いていますか。

何時(なんじ)まで 몇 시까지
開(あ)く 열다

A: すみませんが、特産品(とくさんひん)コーナーを教(おし)えてくださいませんか。

B: 三階(さんがい)です。エスカレーターを降(お)りると右手(みぎて)に見(み)えます。

A: エスカレーターはどこにありますか。

B: すぐそこです。

A: 죄송합니다만, 특산품 코너를 알려주시겠습니까?
B: 3층입니다. 에스컬레이터에서 내리면 오른쪽에 보입니다.
A: 에스컬레이터는 어디에 있습니까?
B: 바로 거기입니다.

~てくださいませんか(~해주시지 않겠습니까?)는 ~てください를 정중하게 표현한 것이다.

特産品(とくさんひん) 특산품
コーナー 코너
教(おし)える 가르치다
三階(さんがい) 3층
エスカレーター 에스컬레이터
降(お)りる 내리다
~と ~하면
右手(みぎて) 오른쪽
見(み)える 보이다
すぐ 곧, 바로

▎우리말 해석을 보고 빈칸에 알맞는 일본어를 써넣으세요.

01. 관광 팸플릿을 주세요.
　　□□パンフレットをください。

02. 여기서 볼 만한 곳을 알려 주세요.
　　ここの□□□□を教えてください。

03. 저건 뭐라고 하죠?
　　あれは□と言いますか。

04. 여기서 얼마나 머물죠?
　　ここで□□□□□止まりますか。

05. 입장료는 얼마죠?
　　入場料は□□□ですか。

06. 이걸로 모든 전시를 볼 수 있어요?
　　これですべての□□が見られますか。

07. 여기서 사진을 찍어도 될까요?
　　ここで□□を撮ってもいいですか。

08. 여기에서 우리들을 찍어 주세요.
　　ここからわたしたちを□□□ください。

09. 이 주변에 백화점은 있어요?
　　この辺りに□□□□はありますか。

10. 그건 어디서 살 수 있어요?
　　それは□□□買えますか。

대화 내용의 우리말 해석을 보고 밑줄에 일본어로 써보세요.

A: 日帰りでは_____
B: そうですね。では、箱根はいかがでしょうか。

A: 당일치기로는 어디로 갈 수 있나요?
B: 글쎄요. 그럼, 하코네는 어떨까요?

A: この_____
B: はい、有名なお寺の一つです。

A: 이 절은 오래되었습니까?
B: 네, 유명한 절 중 하나예요.

A: 2回目の上映の_____
B: すみません、2回目のチケットは売り切れました。

A: 두 번째 상영 티켓은 있나요?
B: 미안합니다, 두 번째 표는 매진되었습니다.

A: すみません、_____
B: はい、どこで撮りましょうか。

A: 미안합니다, 사진 좀 찍어주시겠어요?
B: 네, 어디서 찍을까요?

A: 特産品コーナーを_____
B: 三階です。

A: 특산품 코너를 알려주시겠습니까?
B: 3층입니다.

UNIT 16 물건을 찾을 때

가게에 들어서면 제일 먼저 종업원이 いらっしゃいませ라고 큰소리로 인사를 하며 손님을 맞이합니다. 何をお探しですか(뭐를 찾으십니까?)라고 물었을 때 구경만 하고 싶을 경우에는 見ているだけです(보고 있습니다)라고 대답하면 됩니다. 종업원이 손님에게 말을 걸었는데도 대답을 하지 않거나 무시하는 것은 상대에게 실례가 됩니다.

□□□ 무얼 찾으세요?

何かお探しですか。

何かお探しですか。

> 동사의 중지형에 お~ですか를 접속하면 존경표현이 된다.
>
> 何(なに)か 무언가
> 探(さが)す 찾다

□□□ 그냥 구경하는 거예요.

見ているだけです。

見ているだけです。

> 가게에서 구경할 때 쓰는 말
>
> 見(み)る 보다
> ~だけ ~만, ~뿐

□□□ 잠깐 봐 주시겠어요?

ちょっとよろしいですか。

ちょっとよろしいですか。

> よろしい는 よい의 격식 차린 말씨 : 좋다; 나쁘지 않다; 괜찮다
>
> ちょっと 좀
> よろしい 괜찮다

□□□ 재킷을 찾는데요.

ジャケットを探しています。

ジャケットを探しています。

> ジャケット 재킷
> 探(さが)す 찾다

□□□ 이것과 같은 것은 없어요?

これと同じものはありませんか。

これと同じものはありませんか。

同(おな)じもの 같은 것

□□□ 이것뿐이에요?

これだけですか。

これだけですか。

これだけ 이것뿐

A: どんなものをお探(さが)しですか。

B: 黒(くろ)の靴(くつ)はありますか。

A: はい、こちらにどうぞ。これはいかがですか。

B: 履(は)いてみてもいいですか。

A: 어떤 것을 찾으세요?
B: 검정색 구두는 있나요?
A: 네, 이쪽으로 오세요. 이것은 어떻습니까?
B: 신어봐도 될까요?

どんな 어떤
もの 것, 물건
探(さが)す 찾다
黒(くろ) 검정
靴(くつ) 구두, 신발
どうぞ 부디, 자
いかが 어떻게
履(は)く (신발, 양말을) 신다, (바지를) 입다
~てみてもいい ~해봐도 좋다

UNIT 17 물건을 고를 때

쇼핑을 할 때 가게에 들어가서 상품에 함부로 손을 대지 않도록 합시다. 가게에 진열되어 있는 상품에 손을 대는 것은 어느 정도 살 마음이 있다고 상대가 받아들일 수도 있습니다. 보고 싶을 경우에는 옆에 있는 점원에게 부탁을 해서 꺼내오도록 해야 합니다. 만약 찾는 물건이 보이지 않을 때는 ~を見せてください(~을 보여주세요)라고 해보세요.

□□□ 그걸 봐도 될까요?

それを見てもいいですか。

それを見てもいいですか。

見(み)る 보다
~てもいい ~해도 좋다

□□□ 몇 가지 보여 주세요.

いくつか見せてください。

いくつか見せてください。

いくつか 몇 가지
見(み)せる 보이다

□□□ 다른 것을 보여 주세요.

別のものを見せてください。

別のものを見せてください。

別(べつ)の 다른
もの 것, 물건
見(み)せる 보이다

□□□ 더 좋은 것은 없어요?

もっといいのはありませんか。

もっといいのはありませんか。

もっと 더욱
いい 좋다

UNIT 17 물건을 고를 때

□□□ 사이즈는 이것뿐이에요?

サイズはこれだけですか。

サイズ 사이즈
これだけ 이것뿐

□□□ 다른 디자인은 없어요?

ほかのデザインはありませんか。

ほかの 다른
デザイン 디자인

A: あのお財布を見せてください。

B: これですか。

A: いいえ、その横のです。

B: この小さいほうですか。

A: 저 지갑을 보여주세요.
B: 이거예요?
A: 아니오, 그 옆의 것이에요.
B: 이 작은 것 말입니까?

財布(さいふ) 지갑
見(み)せる 보이다
横(よこ) 옆, 가로
小(ちい)さい 작다
ほう 쪽

UNIT 18 물건 값을 계산할 때

할인점이나 시장 등에서는 각격이 비싸다(高い), 싸다(安い)하며 흥정을 하게 됩니다. 흥정할 때는 少し割引きできませんか라고 하면 됩니다. 거의 모든 가게에서 현금, 신용카드, 여행자수표 등으로 물건 값을 계산할 수 있지만, 여행자수표를 사용할 때는 여권의 제시를 요구하는 가게도 있으며, 번잡한 가게나 작은 가게에서는 여행자수표를 꺼리는 경우도 있습니다.

☐☐☐ 전부해서 얼마죠?

全部でいくらですか。

全部でいくらですか。

全部(ぜんぶ)で 전부해서
いくら 얼마

☐☐☐ 이건 세일 중이에요?

これはセール中ですか。

これはセール中ですか。

セール中(ちゅう) 세일 중

☐☐☐ 이건 너무 비싸요.

これは高すぎます。

これは高すぎます。

동사의 중지형에 **すぎる**를 접속하면 지나침을 나타낸다

高(たか)い (값이) 비싸다
~すぎる 너무 ~하다

☐☐☐ 좀 더 깎아 줄래요?

もう少し負けてくれますか。

もう少し負けてくれますか。

もう少(すこ)し 좀더
負(ま)ける (값을) 깎다
~てくれる ~해주다

UNIT 18 물건 값을 계산할 때 | 55

☐☐☐ 더 싼 것은 없어요?

もっと安いものはありませんか。

もっと安いものはありませんか。

もっと 더욱, 더
安(やす)い (값이) 싸다
もの 것, 물건

☐☐☐ 더 싸게 해 주실래요?

もっと安くしてくれませんか。

もっと安くしてくれませんか。

安(やす)い (값이) 싸다
~てくれる ~해주다

A: これはいくらですか。

B: １万円（いちまんえん）です。

A: 高（たか）すぎます。ちょっと負（ま）けてください。

B: そんなに高（たか）くないです。

A: 이것은 얼마입니까?
B: 만 엔입니다.
A: 너무 비싸요. 좀 깎아주세요.
B: 그렇게 비싸지 않아요.

いくら 얼마
円(えん) 엔(일본 화폐단위)
高(たか)すぎる 너무 비싸다
ちょっと 좀
負(ま)ける (값을) 깎다
そんなに 그렇게, 그다지
高(たか)い (값이) 비싸다

UNIT 19 포장이나 배달을 원할 때

일본여행을 하면서 선물을 구입할 때는 받는 사람을 위해서 정성스럽게 포장을 부탁하게 됩니다. 매장에서 물건을 구입할 때 부피가 크거나 무거워서 들고 다니기 힘든 경우는 머물고 있는 호텔에 직접 배달을 これをホテルまで配達してください라고 부탁하거나, 아니면 매장의 따라 한국으로 직접 배송을 부탁할 수도 있습니다.

□□□ 이건 배달해 주세요.

これは配達してください。

これは配達してください。

配達(はいたつ)する 배달하다

□□□ 호텔까지 갖다 주시겠어요?

ホテルまで届けてもらえますか。

ホテルまで届けてもらえますか。

ホテル 호텔
届(とど)ける 가 닿게 하다, 배달하다
~てもらう ~해 받다

□□□ 언제 배달해 주시겠어요?

いつ届けてもらえますか。

いつ届けてもらえますか。

いつ 언제
届(とど)ける 가 닿게 하다, 배달하다
~てもらえる ~해 받을 수 있다

□□□ 별도 요금이 드나요?

別料金がかかりますか。

別料金がかかりますか。

お金(かね)がかかる 돈이 들다
別料金(べつりょうきん) 별도 요금
かかる 들다, (시간이) 걸리다

□□□ 이 주소로 보내 주세요.

この住所に送ってください。

住所(じゅうしょ) 주소
送(おく)る 보내다

□□□ 구입한 게 아직 배달되지 않았어요.

買ったものがまだ届きません。

우리말은 아직 행위가 완성되지 않았을 때는 과거형을 쓰지만 일본어에서 まだ ~ません으로 표현한다.

買(か)う 사다
もの 것, 물건
まだ 아직
届(とど)く 닿다, (도)달하다

A: 配達もしてくれますか。

B: はい、品物はどこへでもお届けします。

A: では、これをうちへ届けてください。

B: 承知しました。ここに住所を書いてください。

A: 배달도 해 줍니까?
B: 네, 물건은 어디든지 배달됩니다.
A: 그럼, 이것을 저희 집으로 배달해 주세요.
B: 알겠습니다. 여기에 주소를 적어주세요.

동사의 중지형에 お~する를 접속하면 겸양표현이 된다.

配達(はいたつ)する 배달하다
品物(しなもの) 물건
どこへでも 어디에라도
届(とど)ける 가 닿게 하다, 배달하다
うち 우리집
承知(しょうち)する 알다
住所(じゅうしょ) 주소
書(か)く 쓰다, 적다

UNIT 20 교환이나 환불을 원할 때

쇼핑을 할 때는 물건을 꼼꼼히 잘 살펴보고 구입하면 매장에 다시 찾아가서 교환이나 환불을 요구할 필요가 없습니다. 더구나 외국에서는 말이 잘 통하지 않기 때문에 어려움이 있기 마련입니다. 그러나 만에 하나 구입한 물건에 하자가 있을 때는 여기서의 표현을 잘 익혀둡시다. 새로운 물건으로 교환을 받거나 원하는 물건이 없을 때는 거리낌없이 당당하게 환불을 받도록 합시다.

☐☐☐ 반품하고 싶은데요.

返品したいのですが。

返品したいのですが。

> ~のですが는 회화체에서는 ~んですが로 표현하며 단정의 어감을 좀더 완곡하게 표현한 것이다.

返品(へんぴん)**する** 반품하다
したい 하고 싶다

☐☐☐ 아직 쓰지 않았어요.

まだ使っていません。

まだ使っていません。

> 우리말은 아직 행위가 완성되지 않았을 때는 과거형을 쓰지만 일본어에서 **まだ ~ません**으로 표현한다.

まだ 아직
使(つか)**う** 쓰다, 사용하다

☐☐☐ 이걸 어제 샀어요.

これをきのう買いました。

これをきのう買いました。

きのう 어제
買(か)**う** 사다

☐☐☐ 다른 것으로 바꿔 주세요.

別のものと取り替えてください。

別のものと取り替えてください。

別(べつ)**の** 다른
もの 것, 물건
取(と)**り替**(か)**える** 교환하다, 바꾸다

UNIT 20 교환이나 환불을 원할 때 | 59

□□□ 영수증은 여기 있어요.

領収書はここにあります。

領収書はここにあります。

領収書(りょうしゅうしょ) 영수증
ここに 여기에

□□□ 환불해 주시겠어요?

返金してもらえますか。

返金してもらえますか。

返金(へんきん)する 환불하다
~てもらう ~해받다

A: このジャケットを別のと取り替えたいんですが。

B: 何か問題でもありますか。

A: これ、きのう買ったのですが、気に入らないんです。

B: 承知致しました。ひととおり見て回ってください。

A: 이 재킷을 다른 것으로 바꾸고 싶은데요.
B: 무슨 문제라도 있나요?
A: 이거 어제 샀는데 마음에 안 들어요.
B: 알겠습니다. 한번 둘러보세요.

ジャケット 재킷
別(べつ)の 다른
取(と)り替(か)える 교환하다, 바꾸다
問題(もんだい) 문제
きのう 어제
買(か)う 사다
気(き)に入(い)る 마음에 들다
承知(しょうち)する 알다
致(いた)す する(하다)의 겸양어
ひととおり 한번, 대강, 대충
見(み)る 보다
回(まわ)る 돌다

▮ 우리말 해석을 보고 빈칸에 알맞는 일본어를 써넣으세요.

01. 그냥 구경하는 거예요.
　□□□□ だけです。

02. 이것과 같은 것은 없어요?
　これと □□□ はありませんか。

03. 다른 것을 보여 주세요.
　□□□□ を見せてください。

04. 다른 디자인은 없어요?
　ほかの □□□ はありませんか。

05. 전부해서 얼마죠?
　□□□ いくらですか。

06. 더 싼 것은 없어요?
　もっと □□□□ はありませんか。

07. 호텔까지 갖다 주시겠어요?
　ホテルまで □□□ もらえますか。

08. 이 주소로 보내 주세요.
　この住所に □□□ ください。

09. 다른 것으로 바꿔 주세요.
　別のものと □□□□□ ください。

10. 환불해 주시겠어요?
　□□ してもらえますか。

대화 내용의 우리말 해석을 보고 밑줄에 일본어로 써보세요.

A: どんなものを _____

B: 黒の靴はありますか。

　　A: 어떤 것을 찾으세요?
　　B: 검정색 구두는 있나요?

A: あのお財布を _____

B: これですか。

　　A: 저 지갑을 보여주세요.
　　B: 이거예요?

A: 高すぎます。_____

B: そんなに高くないです。

　　A: 너무 비싸요. 좀 깎아주세요.
　　B: 그렇게 비싸지 않아요.

A: _____

B: はい、品物はどこへでもお届けします。

　　A: 배달도 해 줍니까?
　　B: 네, 물건은 어디든지 배달됩니다.

A: このジャケットを _____

B: 何か問題でもありますか。

　　A: 이 재킷을 다른 것으로 바꾸고 싶은데요.
　　B: 무슨 문제라도 있나요?

UNIT 21 은행에서

통장을 개설할 때는 외국인등록증이나 여권을 지참해야 합니다. 자유롭게 입출금할 수 있는 예금통장을 만드는 것이 편리하며 은행 업무시간은 우리와 동일합니다. 일본의 화폐단위는 円(えん)으로서 시중에서 사용되고 있는 화폐의 종류는 동전이 1, 5, 10, 50, 100, 500円의 여섯 가지이며, 지폐는 1000, 2000, 5000, 10000円 네 가지입니다.

□□□ 은행은 어디에 있어요?

銀行はどこにありますか。

銀行はどこにありますか。

円(えん) 엔; 일본화폐 단위
銀行(ぎんこう) 은행
どこ 어디

□□□ 현금인출기는 어디에 있어요?

ATMはどこにありますか。

ATMはどこにありますか。

現金自動支払機(げんきんじどうしはらいき) 현금자동인출기
どこ 어디

□□□ 계좌를 트고 싶은데요.

口座を設けたいのですが。

口座を設けたいのですが。

~のですが는 회화체에서는 ~んですが로 표현하며 단정의 어감을 좀더 완곡하게 표현한 것이다.

口座(こうざ) 계좌
設(もう)ける 설치하다, 만들다

□□□ 예금하고 싶은데요.

預金したいのですが。

預金したいのですが。

貯金(ちょきん) 저금
預金(よきん)する 예금하다

□□□ 환전 창구는 어디죠?

両替の窓口はどちらですか。

両替(りょうがえ) 환전
窓口(まどぐち) 창구
どちら 어느 쪽

□□□ 대출 상담을 하고 싶은데요.

ローンの相談をしたいのですが。

ローン 대출
相談(そうだん) 상담, 의논
したい 하고 싶다

A: どこで日本円をウォンに替えることができますか。

B: 両替は隣の窓口にいらっしゃってください。

A: あそこのことですか。

B: はい、あちらの女性がお伺い致します。

A: 어디서 엔화를 원화로 바꿀 수 있죠?
B: 환전은 옆 창구로 가십시오.
A: 저기 말씀입니까?
B: 네, 저쪽 여성이 맞이하겠습니다.

日本円(にほんえん) 일본 엔
替(か)える 바꾸다, 교환하다
~ことができる ~할 수 있다
両替(りょうがえ) 환전
隣(となり) 옆, 이웃
窓口(まどぐち) 창구
いらっしゃる 가시다, 오시다, 계시다
あそこ 저기
あちら 저쪽
女性(じょせい) 여성, 여자
伺(うかが)う 묻다, 듣다의 겸양어
致(いた)す 하다의 겸양어

UNIT 22 우체국에서

일본의 우체국도 우리처럼 편지, 소포배달 이외에 저금, 보험 등의 업무도 취급합니다. 업무시간은 월요일부터 금요일까지로 오전 9시부터 오후 5시까지 하며 토·일요일 및 경축일은 쉽니다. 또 우표나 엽서는 우체국 외에 kiosk(전철역에 있는 매장)등 [〒]mark가 있는 상점에서도 판매합니다. post box는 도로 여기저기에 설치되어 있고 적색으로 mark가 붙어 있습니다.

□□□ 우체국은 어디에 있죠?

郵便局はどこにありますか。

郵便局はどこにありますか。

郵便局(ゆうびんきょく) 우체국
どこ 어디

□□□ 우표는 어디서 살 수 있죠?

切手はどこで買えますか。

切手はどこで買えますか。

記念切手(きねんきって) 기념우표
切手(きって) 우표
どこ 어디
買(か)える 살 수 있다

□□□ 빠른우편으로 부탁해요.

速達でお願いします。

速達でお願いします。

速達(そくたつ) 속달
お願(ねが)いする 부탁드리다

□□□ 항공편으로 보내 주세요.

航空便にしてください。

航空便にしてください。

航空便(こうくうびん) 항공편 ↔
船便(ふなびん) 선편
~にする ~으로 하다

□□□ 이 소포를 한국에 보내고 싶은데요.

この小包を韓国に送りたいのですが。

この小包を韓国に送りたいのですが。

小包(こづつみ) 소포
韓国(かんこく) 한국
送(おく)る 보내다

□□□ 이 소포의 무게를 달아 주세요.

この小包の重さを計ってください。

この小包の重さを計ってください。

형용사의 어간에 접미어 さ를 접속하면 명사를 만든다.

小包(こづつみ) 소포
重(おも)い 무겁다 →
重さ 무게
計(はか)る 재다

A: この小包を韓国に送りたいんですが。

B: 中身は何ですか。

A: お土産です。速達で送るとどのくらいかかりますか。

B: 二日あれば着きます。

A: 이 소포를 한국에 보내고 싶은데요.
B: 내용물은 무엇입니까?
A: 선물입니다. 속달로 보내면 얼마나 걸리나요?
B: 이틀이면 도착해요.

小包(こづつみ) 소포
韓国(かんこく) 한국
送(おく)る 보내다
中身(なかみ) 내용물
お土産(みやげ) 선물
速達(そくたつ) 속달
どのくらい 어느 정도
かかる 걸리다
二日(ふつか) 이틀
ある (무게·넓이·높이·거리 따위가)
  얼마큼 되다
着(つ)く 닿다, 도착하다

UNIT 23 이발소에서

이발소는 理容室(りようしつ), 床屋(とこや)라고도 한하며, 친근감을 담아 床屋(とこや)さん이라고 부르는 경우도 많습니다. 정기 휴일은 대개 월요일이며, 이발소 안에는 흔히 남자 모델 사진이 있으므로 그것을 보고 머리 모양을 정해도 됩니다. 우리보다 요금은 비싼 편이며, 우리와는 달리 이발소와 미장원을 합친 미이용원이 많습니다.

□□□ 머리를 자르고 싶은데요.

髪を切りたいのですが。

髪を切りたいのですが。

> 理髪店(りはつてん)=
> 床屋(とこや) 이발소

髪(かみ) 머리카락
切(き)る 자르다

□□□ 머리를 조금 잘라 주세요.

髪を少し刈ってください。

髪を少し刈ってください。

髪(かみ) 머리카락
少(すこ)し 조금
刈(か)る 깎다, 베다

□□□ 이발만 해 주세요.

散髪だけお願いします。

散髪だけお願いします。

> ひげをそる 수염을 깎다; 면도하다

散髪(さんぱつ) 이발
~だけ ~만(뿐)
お願(ねが)いする 부탁드리다

□□□ 어떻게 자를까요?

どのように切りましょうか。

どのように切りましょうか。

どのように 어떻게
切(き)る 자르다

UNIT 23 이발소에서

□□□ 평소 대로 해 주세요.

いつもどおりにお願いします。

いつもどおりにお願いします。

- いつも 항상, 늘
- ~どおりに ~대로
- 願(ねが)う 부탁하다

□□□ 머리를 염색해 주세요.

髪の毛を染めてください。

髪の毛を染めてください。

- 髪(かみ) 머리카락
- 毛(け) 털
- 染(そ)める 물들이다, 염색하다

A: どのようにカットいたしましょう?

B: 短(みじか)く切(き)りたいです。

A: どのくらい短(みじか)くしますか。

B: これくらいまでお願(ねが)いします。

A: 어떻게 잘라 드릴까요?
B: 짧게 자르고 싶어요.
A: 얼마나 짧게 할까요?
B: 이 정도까지 짧게 해 주세요.

- どのように 어떻게
- カット 커트
- いたす 하다
- 短(みじか)い 짧다
- 切(き)る 자르다
- どのくらい 어느 정도
- ~まで ~까지

UNIT 24 미용실에서

우리처럼 일본의 미용실의 미용은 머리 손질만을 말하는 것이 아니라, 얼굴이나 모습을 아름답게 하는 일 전반을 가리키며 美容室(びようしつ), beauty salon, hair salon 등 여러 가지로 불리고 있습니다. 말이 잘 통하지 않을 때는 비치된 헤어스타일북을 보고 마음에 든 헤어스타일이 있으면 이렇게 해주세요라고 하면 됩니다.

□□□ 괜찮은 미용실을 아세요?

いい美容院を知りませんか。

いい美容院を知りませんか。

いい 좋다
美容院(びよういん) 미용실
知(し)る 알다

□□□ 파마를 예약하고 싶은데요.

パーマを予約したいのですが。

パーマを予約したいのですが。

パーマをかける 파마를 하다
パーマ 파마
予約(よやく)する 예약하다

□□□ 커트와 파마를 부탁할게요.

カットとパーマをお願いします。

カットとパーマをお願いします。

カット 커트
パーマ 파마
願(ねが)う 부탁하다

□□□ 얼마나 커트를 할까요?

どれくらいカットしますか。

どれくらいカットしますか。

どれくらい 어느 정도
カットする 커트하다

☐☐☐ 다듬기만 해 주세요.

そろえるだけでお願いします。

そろえる 다듬다, 가지런히 하다
~だけで ~만(뿐)으로
願(ねが)う 부탁하다

☐☐☐ 짧게 자르고 싶은데요.

ショートにしたいのですが。

ショート 쇼트, 짧다
~にする ~으로 하다

A: どんなスタイルになさいますか。

B: 何(なに)かちょっと一味違(ひとあじちが)うスタイルはないでしょうか。

A: 特(とく)にこうしたいというのはありますか。

B: いいえ、まだ決(き)まっていません。

A: 어떤 스타일로 하시겠습니까?
B: 뭐 좀 색다른 스타일은 없을까요?
A: 특별히 이렇게 하고 싶은 게 있나요?
B: 아뇨, 아직 안 정해졌어요.

どんな 어떤
スタイル 스타일
なさる 하시다
ちょっと 좀
一味違(ひとあじちが)う 뭔가 좀 다르다
スタイル 스타일
ない 없다
特(とく)に 특히
~というのは ~라고 하는 것은
まだ 아직
決(き)まる 정해지다, 결정되다

UNIT 25 세탁소에서

일본에는 주택가가 아닌 도심 한가운데에 '미사즈 히트'라는 작은 세탁소가 붐을 일으키고 있습니다. 더럽혀진 옷을 급히 세탁해야 하는 경우에도 이용되지만 주로 출근길에 맡기고 퇴근길에 찾아가는 독신 남녀, 맞벌이 부부들이 애용하고 있습니다. 클리닝을 부탁할 때는 クリーニングをお願いします, 다림질을 부탁할 때는 アイロンをお願いします라고 하면 됩니다.

□□□ 세탁소에 갖다 주고 와요.

クリーニングに出してきてね。

クリーニングに出してきてね。

洗濯(せんたく)する 세탁하다
クリーニング 클리닝, 세탁
出(だ)す 내다

□□□ 드라이클리닝을 해 주세요.

ドライクリーニングをお願いします。

ドライクリーニングをお願いします。

ドライクリーニング 드라이클리닝
願(ねが)う 부탁하다

□□□ 셔츠에 있는 이 얼룩은 빠질까요?

シャツのこのシミは取れますか。

シャツのこのシミは取れますか。

シャツ 셔츠
シミ 얼룩
取(と)れる 떨어지다

□□□ 다림질을 해 주세요.

アイロンをかけてください。

アイロンをかけてください。

アイロンをかける 다리미질을 하다
アイロン 다리미
かける 걸치다

□□□ 언제 될까요?

いつ仕上がりますか。

いつ 언제
仕上(しあ)げる 끝마무리하다

□□□ 치수를 고쳐 주실래요?

寸法を直してもらえますか。

寸法(すんぽう) 치수
直(なお)す 고치다
~てもらう ~해받다

A: これ、ドライクリーニングをお願(ねが)いします。

B: はい、全部(ぜんぶ)で5点(ごてん)ですね。

A: このズボンの長(なが)さも詰(つ)めたいんですが。

B: どのくらい詰(つ)めましょうか。

A: 이거 드라이클리닝 좀 부탁합니다.
B: 네, 모두 5점이군요.
A: 이 바지의 길이도 줄이고 싶은데요.
B: 어느 정도 줄일까요?

형용사의 어간에 접미어 さ를 접속하면 명사를 만든다.

ドライクリーニング 드라이클리닝
願(ねが)う 부탁하다
全部(ぜんぶ) 전부
~点(てん) ~점
ズボン 바지
長(なが)さ 길이
詰(つ)める 줄이다, 짧게 하다
どれくらい 어느 정도

▼ 우리말 해석을 보고 빈칸에 알맞는 일본어를 써넣으세요.

01. 은행은 어디에 있어요?
　　□□ はどこにありますか。

02. 환전 창구는 어디죠?
　　両替の □□ はどちらですか。

03. 우체국은 어디에 있죠?
　　□□□ はどこにありますか。

04. 우표는 어디서 살 수 있죠?
　　□□ はどこで買えますか。

05. 머리를 자르고 싶은데요.
　　□ を切りたいのですが。

06. 어떻게 자를까요?
　　□□□□□ 切りましょうか。

07. 커트와 파마를 부탁할게요.
　　カットと □□□ をお願いします。

08. 다듬기만 해 주세요.
　　□□□□ だけでお願いします。

09. 드라이클리닝을 해 주세요.
　　ドライ □□□□□□ をお願いします。

10. 다림질을 해 주세요.
　　□□□□ をかけてください。

▎대화 내용의 우리말 해석을 보고 밑줄에 일본어로 써보세요.

A: どこで日本円を _____
B: 両替は隣の窓口にいらっしゃってください。

　　A: 어디서 엔화를 원화로 바꿀 수 있죠?
　　B: 환전은 옆 창구로 가십시오.

A: この小包を _____
B: 中身は何ですか。

　　A: 이 소포를 한국에 보내고 싶은데요.
　　B: 내용물은 무엇입니까?

A: どのようにカットいたしましょう?
B: _____

　　A: 어떻게 잘라 드릴까요?
　　B: 짧게 자르고 싶어요.

A: 特にこうしたいというのはありますか。
B: いいえ、 _____

　　A: 특별히 이렇게 하고 싶은 게 있나요?
　　B: 아뇨, 아직 안 정해졌어요.

A: これ、 _____
B: はい、全部で5点ですね。

　　A: 이거 드라이클리닝 좀 부탁합니다.
　　B: 네, 모두 5점이군요.

따라쓰기만 해도 프리토킹에 강해진다!

PART 02

전화 · 사교 · 긴급 표현

UNIT 01 전화를 걸 때

전화를 걸 때는 반드시 もしもし, ○○ですが, ○○さんをお願いします(여보세요, ○○입니다만, ○○씨 부탁드립니다)라고 먼저 자신의 신분이나 소속단체를 밝히고 전화 통화할 상대를 부탁합니다. 상대가 직접 받을 때는 もしもし, そちらは ○○さんでしょうか(여보세요, ○○이시죠?)라고 확인하면 됩니다.

□□□ 여보세요. 한국에서 온 김인데요.

もしもし。韓国から来た金ですが。

もしもし。韓国から来た金ですが。

- もしもし 여보세요
- 韓国(かんこく) 한국
- 来(く)る 오다

□□□ 여보세요. 요시다 씨 댁이죠?

もしもし、吉田さんのお宅ですか。

もしもし、吉田さんのお宅ですか。

- 吉田(よしだ)さん 요시다 씨
- お宅(たく) 댁

□□□ 나카무라 씨와 통화하고 싶은데요.

中村さんと話したいんですが。

中村さんと話したいんですが。

동사의 중지형에 たい를 접속하면 '~하고 싶다'는 뜻으로 희망을 나타낸다.

- 中村(なかむら)さん 나카무라 씨
- 話(はな)す 이야기하다

□□□ 여보세요. 스즈키 씨 좀 바꿔주세요.

もしもし、鈴木さんをお願いします。

もしもし、鈴木さんをお願いします。

- 鈴木(すずき)さん 스즈키 씨
- お願(ねが)いする 부탁드리다

□□□ 여보세요, 그쪽은 다나카 씨이세요?
もしもし、そちらは田中さんでしょうか。

そちら 그쪽
田中(たなか)さん 다나카 씨

□□□ 요시노 선생님은 계세요?
吉野先生はいらっしゃいますか。

吉野(よしの) 요시노
先生(せんせい) 선생(님)
いらっしゃる 계시다, 오시다, 가시다

A: もしもし、吉田さんをお願いします。

B: 失礼ですが、どちら様でしょうか。

A: 韓国から来た金永秀と申します。

B: 少々お待ちください。お電話代わります。

A: 여보세요, 요시다 씨를 부탁합니다.
B: 실례지만, 누구시죠?
A: 한국에서 김영수라고 합니다.
B: 잠깐만 기다려 주십시오.
　　전화 바꿔드리겠습니다.

失礼(しつれい) 실례
どちら様(さま) 누구
韓国(かんこく) 한국
~と申(もう)す ~라고 말하다
少々(しょうしょう) 잠깐
待(ま)つ 기다리다
電話(でんわ) 전화
代(か)わる 바꾸다

UNIT 02 전화를 받을 때

전화를 받을 때는 どちらさまでしょうか(누구시죠?)라고 상대를 확인하거나, もしもし, ○○でございますが(여보세요, ○○입니다만)라고 자신의 이름이나 회사의 이름 등을 밝혀 상대가 확인하는 수고를 덜어주는 것도 전화 에티켓의 하나입니다. 전화 상대를 바꿔줄 때는 ちょっとお待ちください(잠깐 기다려 주십시오)라고 합니다.

□□□ 네, 전데요.

はい、わたしですが。

はい、わたしですが。

わたし 나, 저
~ですが ~인데요, ~입니다만

□□□ 누구시죠?

どちらさまでしょうか。

どちらさまでしょうか。

さま는 명사에 붙어 존경이나 공손을 나타낸다.

どちら様(さま) 누구

□□□ 잠시 기다려 주십시오.

少々お待ちください。

少々お待ちください。

々는 같은 한자나 음이 반복될 때 쓰이는 기호이다.

少々(しょうしょう) 잠깐
待(ま)つ 기다리다

□□□ 곧 요시무라 씨를 바꿔드릴게요.

ただいま吉村さんと代わります。

ただいま吉村さんと代わります。

ただいま (바로) 지금, 방금
吉村(よしむら)さん 요시무라 씨
代(か)わる 바꾸다

UNIT 02 전화를 받을 때 | 79

□□□ 여보세요, 전화 바꿨습니다.

もしもし、お電話代わりました。

もしもし、お電話代わりました。

電話(でんわ) 전화
代(か)わる 바꾸다

□□□ 지금 다른 전화를 받고 있는데요.

いま、ほかの電話に出ていますが。

いま、ほかの電話に出ていますが。

いま 지금
ほかの 다른
電話(でんわ) 전화
出(で)る 나오다

A: もしもし、営業部の吉田さんとお話ししたいんですが。

B: 今、ほかの電話に出ております。

A: あ、そうですか。後でかけ直します。

B: どなた様からお電話があったとお伝えしましょうか。

A: 여보세요, 영업부의 요시다 씨와 통화를 하고 싶은데요.
B: 지금 다른 전화를 받고 있습니다.
A: 아, 그렇습니까? 나중에 다시 걸겠습니다.
B: 누구한테 전화 왔었다고 전해드릴까요?

상태나 진행을 나타내는 ~ておる는 ~ている의 겸양표현이다.

営業部(えいぎょうぶ) 영업부
話(はな)す 이야기하다
ほかの 다른
電話(でんわ) 전화
出(で)る 나오다
後(あと)で 나중에
かけ直(なお)す 다시 걸다
どなた様(さま) 누구
伝(つた)える 전하다

UNIT 03 찾는 사람이 부재중일 때

전화를 한 사람은 당신의 업무와 관련이 없는 사람일지 몰라도 그래도 상대에게는 중요한 사람일 수 있습니다. 원하는 통화 상대가 부재중일 때는 정중하게 메모를 남겨두거나 부재의 이유를 간단하게 말할 수 있도록 합니다. 전화를 다시 하겠다고 말할 때는 あとでもう一度かけなおします(나중에 다시 걸겠습니다)라고 합니다.

□□□ 언제 돌아오세요?

いつお戻りになりますか。

いつお戻りになりますか。

> 동사의 중지형에 お~になる를 접속하면 존경표현이 된다.
>
> いつ 언제
> 戻(もど)る 돌아오다

□□□ 무슨 연락할 방법은 없나요?

何とか連絡する方法はありませんか。

何とか連絡する方法はありませんか。

> 何(なん)とか 무언가
> 連絡(れんらく)する 연락하다
> 方法(ほうほう) 방법

□□□ 나중에 다시 걸게요.

あとでもう一度かけなおします。

あとでもう一度かけなおします。

> 동사의 중지형에 なおす를 접속하면 '다시 ~하다'는 뜻이 된다.
>
> あとで 나중에
> もう一度(いちど) 다시 한 번
> かけなおす 다시 걸다

□□□ 미안합니다. 아직 출근하지 않았습니다.

すみません。まだ出社しておりません。

すみません。まだ出社しておりません。

> まだ ~ておりません 아직 ~하지 않았습니다
>
> まだ 아직
> 出社(しゅっしゃ)する 회사에 나오다, 출근하다

□□□ 잠깐 자리를 비웠습니다.
ちょっと席を外しております。

ちょっと席を外しております。

> おります는 あります의 겸양어

ちょっと 잠깐
席(せき) 자리
外(はず)す 벗어나다

□□□ 오늘은 쉽니다.
今日は休みを取っております。

今日は休みを取っております。

> 상태나 진행을 나타내는 ~ておる는 ~ている의 겸양표현이다.

今日(きょう) 오늘
休(やす)み 쉼
取(と)る 취하다

A: もしもし、営業部の吉田さんはいらっしゃいますか。

B: 吉田さんですか。ただ今ちょっと席を空けておりますが。

A: いつ頃お戻りですか。

B: そうですね。遠くには行っておりませんので、すぐ戻ると思います。

A: 여보세요, 영업부의 요시다 씨는 계십니까?
B: 요시다 씨 말입니까? 지금 잠깐 자리를 비웠는데요.
A: 언제쯤 돌아오십니까?
B: 글쎄요. 멀리 가지는 않았으니, 금방 돌아올 겁니다.

営業部(えいぎょうぶ) 영업부
いらっしゃる 계시다, 가시다, 오시다
ただ今(いま) (바로) 지금
席(せき) 자리
空(あ)ける 비다
いつ頃(ごろ) 언제쯤
戻(もど)る 돌아오다
遠(とお)く 멀리
~と思(おも)う ~라고 생각하다

UNIT 04 메시지를 부탁할 때

전화를 걸거나 받을 때 원하는 상대가 있으면 다행이지만, 직접 전화 통화를 원하는 상대가 없을 때는 전화를 받은 사람은 伝言を残しますか(전하실 말씀이 있으신지요?)라고 전화를 건 사람에게 물어보면 됩니다. 반대로 전화를 건 사람은 伝言をお願いできますか(말씀 좀 전해주시겠어요?)라고 전화를 받은 사람에게 메세지를 부탁하면 됩니다.

□□□ 그럼, 말씀 좀 전해 주시겠어요.

では、伝言をお願いできますか。

では、伝言をお願いできますか。

- お願いできます는 お願いします의 가능 표현이다.
- では 그럼
- 伝言(でんごん) 전언
- お願(ねが)いできる 부탁드릴 수 있다

□□□ 전화를 주셨으면 하는데요.

お電話をいただきたいのですが。

お電話をいただきたいのですが。

- いただきたい는 '받고 싶다'의 뜻으로 우리말 '주셨으면 한다'가 자연스럽다.
- 電話(でんわ) 전화
- いただく 받다

□□□ 저한테 전화가 왔다고 전해 주십시오.

わたしから電話があったとお伝えください。

わたしから電話があったとお伝えください。

- 동사의 중지형 お~ください를 접속하면 요구를 나타내는 ~てください의 존경표현이 된다.
- 電話(でんわ) 전화
- 伝(つた)える 전하다

□□□ 돌아오면 전화하도록 말할까요?

帰ったら電話するように言いましょうか。

帰ったら電話するように言いましょうか。

- 접속조사 ~たら는 '~하면, ~했다면'의 뜻으로 가정조건을 나타낸다.
- 帰(かえ)る 돌아가(오)다
- 電話(でんわ)する 전화하다
- ~ように ~하도록
- 言(い)う 말하다

□□□ 전하실 말씀이 있으시면 제가 전해드리죠.

伝言がありましたら、取り次ぎ致します。

伝言がありましたら、取り次ぎ致します。

伝言(でんごん) 전언
取(と)り次(つ)ぐ 전하다
致(いた)す 하다

□□□ 말씀을 전해 드리겠습니다.

伝言をお伝えしておきます。

伝言をお伝えしておきます。

お伝えして는 伝えて의 겸양표현이다.

伝言(でんごん) 전언
伝(つた)える 전하다
~ておく ~해두다

A: 吉田さんをお願いします。

B: すみませんが、吉田はただ今外出中です。伝言を残しますか。

A: わたしから電話があったとお伝えください。

B: はい、わかりました。

A: 요시다 씨를 부탁합니다.
B: 죄송합니다만 요시다는 지금 외출중입니다. 전하실 말씀은 있으십니까?
A: 저한테 전화 왔었다고 전해 주십시오.
B: 네, 알겠습니다.

ただ今(いま) (바로) 지금
外出中(がいしゅつちゅう) 외출중
伝言(でんごん) 전언
残(のこ)す 남기다
伝(つた)える 전하다
わかる 알다

UNIT 05 약속을 청할 때

상대와의 약속은 매우 중요합니다. 곧 그것은 그 사람의 신용과 직결되기 때문입니다. 약속을 제의할 때는 상대의 사정을 묻는 것부터 시작합니다. 우리말의 '약속을 지키다'는 約束をまもる라고 하며, '약속을 어기다(깨다)'라고 할 때는 約束をやぶる라고 합니다. 경우에 따라서 약속을 취소할 때는 本当にすみませんが, お約束が果たせません이라고 하면 됩니다.

□□□ 그럼, 방문해도 될까요?

では、お邪魔してもいいでしょうか。

では、お邪魔してもいいでしょうか。

- ~てもいいでしょうか ~해도 될까요?
- では 그럼
- お邪魔する 방해하다; 폐를 끼치다

□□□ 언제 찾아뵈도 될까요?

いつかうかがってもいいですか。

いつかうかがってもいいですか。

- ~てもいいですか ~해도 됩니까?
- いつか 언젠가
- うかがう 찾아뵙다

□□□ 잠깐 말씀드리고 싶은데요.

ちょっとお話ししたいのですが。

ちょっとお話ししたいのですが。

- お~したい ~해드리고 싶다
- ちょっと 잠깐
- 話(はな)す 이야기하다

□□□ 몇 시까지 시간이 비어 있죠?

何時まで時間が空いてますか。

何時まで時間が空いてますか。

- 何時(なんじ) 몇 시
- 時間(じかん) 시간
- 空(あ)く 비다

□□□ 언제가 가장 시간이 좋을까요?

いつがいちばん都合がいいですか。

いつがいちばん都合がいいですか。

都合がいい 형편이 좋다

いつ 언제
いちばん 제일
都合(つごう) 사정, 형편
いい 좋다

□□□ 약속 장소는 그쪽에서 정하세요.

約束の場所はそちらで決めてください。

約束の場所はそちらで決めてください。

約束(やくそく) 약속
場所(ばしょ) 장소
決(き)める 정하다

A: どこで会いましょうか。

B: 明日、正午に国際会館のロビーはいかがですか。

A: そこはあまりに遠いですね。中間の適当な所で会いましょう。

B: では、銀座ホテルはいかがですか。

A: 어디서 만날까요?
B: 내일 정오에 국제회관 로비는 어떠세요?
A: 그곳은 너무 멀어요.
　중간에 적당한 곳에서 만납시다.
B: 그럼, 긴자호텔은 어떻습니까?

会(あ)う 만나다
明日(あした) 내일
正午(しょうご) 정오
国際(こくさい) 국제
会館(かいかん) 회관
ロビー 로비
あまりに 너무나도
遠(とお)い 멀다
中間(ちゅうかん) 중간
適当(てきとう)だ 적당하다
所(ところ) 곳
ホテル 호텔

▼ 우리말 해석을 보고 빈칸에 알맞은 일본어를 써넣으세요.

01. 여보세요. 한국에서 온 김인데요.
    □□□□。韓国から来た金ですが。

02. 여보세요, 그쪽은 다나카 씨이세요?
    もしもし、□□□は田中さんでしょうか。

03. 누구시죠?
    □□□□□でしょうか。

04. 여보세요, 전화 바꿨습니다.
    もしもし、お電話□□□□□□。

05. 무슨 연락할 방법은 없나요?
    何とか□□□方法はありませんか。

06. 나중에 다시 걸게요.
    あとでもう一度□□□□□□□。

07. 저한테 전화가 왔다고 전해 주십시오.
    わたしから電話があったと□□□ください。

08. 말씀을 전해 드리겠습니다.
    □□をお伝えしておきます。

09. 언제 찾아뵈도 될까요?
    いつか□□□□□いいですか。

10. 몇 시까지 시간이 비어 있죠?
    何時まで時間が□□ますか。

대화 내용의 우리말 해석을 보고 밑줄에 일본어로 써보세요.

A: もしもし、吉田さん_____
B: 失礼ですが、どちら様でしょうか。

A: 여보세요, 요시다 씨를 부탁합니다.
B: 실례지만, 누구시죠?

A: もしもし、吉田さんと_____
B: 今、ほかの電話に出ております。

A: 여보세요, 요시다 씨와 통화를 하고 싶은데요.
B: 지금 다른 전화를 받고 있습니다.

A: もしもし、吉田さんは_____
B: ただ今ちょっと席を空けておりますが。

A: 여보세요, 요시다 씨는 계십니까?
B: 지금 잠깐 자리를 비웠는데요.

A: わたしから電話が_____
B: はい、わかりました。

A: 저한테 전화 왔었다고 전해 주십시오.
B: 네, 알겠습니다.

A: _____
B: 正午に国際会館のロビーはいかがですか。

A: 어디서 만날까요?
B: 정오에 국제회관 로비는 어떠세요?

UNIT 06 약속 제의에 응답할 때

約束しますよ는 상대와의 약속을 다짐할 때 쓰이는 표현입니다. 본래의 발음은 やくそく(야꾸소꾸)이지만, 주로 く는 촉음처럼 되어 '약소꾸'로 발음합니다. 상대방의 약속 제의에 기꺼이 응할 때는 いいですよ라고 하며, 사정이 좋지 않을 때는 상대의 기분이 나쁘지 않도록 조심스럽게 別の日にしてもらえませんか라고 부탁하는 것도 요령입니다.

□□□ 좋아요. 그 때 만나요.

いいですよ。そのときに会いましょう。

いいですよ。そのときに会いましょう。

- いい 좋다
- ときに 때에
- 会(あ)う 만나다

□□□ 저도 그게 좋겠어요.

わたしもそれで都合がいいです。

わたしもそれで都合がいいです。

- 都合(つごう) 사정, 형편
- いい 좋다

□□□ 그럼, 그 시간에 기다릴게요.

では、その時間にお待ちします。

では、その時間にお待ちします。

お待ちします는 待ちます의 겸양표현이다.

- では 그럼
- 時間(じかん) 시간
- 待(ま)つ 기다리다

□□□ 아쉽지만, 오늘은 안 되겠어요.

残念ながら、今日はだめなんです。

残念ながら、今日はだめなんです。

- 残念(ざんねん)ながら 아쉽지만, 유감스럽지만
- 今日(きょう) 오늘
- だめだ 안 된다, 소용없다

□□□ 그 날은 아쉽게도 약속이 있어요.
その日は、あいにくと約束があります。

日(ひ) 날, 해
あいにく 공교롭게
約束(やくそく) 약속

□□□ 급한 일이 생겨서 갈 수 없네요.
急用ができて行けません。

急用(きゅうよう) 급한 일
できる 할 수 있다
行(い)ける 갈 수 있다

A: わたしと昼食をいっしょにいかがですか。

B: 今日はまずいですけど、明日はどうですか。

A: いいですよ。いつがよろしいですか。

B: 6時頃なら、仕事が終わりますが。

A: 저랑 점심 같이 하실래요?
B: 오늘은 곤란한데, 내일은 어때요?
A: 좋습니다. 언제가 괜찮으세요?
B: 6시쯤이면 일이 끝나는데요.

昼食(ちゅうしょく) 점심식사
いっしょに 함께
いかが 어떻게
まずい (상황이) 좋지 않다
よろしい 좋다, 괜찮다
頃(ごろ) 무렵
仕事(しごと) 일
終(お)わる 끝나다

UNIT 07 초대할 때

아무리 친한 친구라 하더라도 집으로 초대하지 않는다는 일본인도 많습니다. 이것은 집이 좁기 때문이기도 하지만 대개 자기 집안을 남에게 보이는 것을 꺼리기 때문입니다. 그러므로 일본인 집에 초대받는 것은 관계가 상당히 깊어졌다고 볼 수 있습니다. 자신의 집으로 초대할 때는 いつか遊びに来てください(언제 한번 놀러 오세요)라고 말해보세요.

□□□ 우리 집에 식사하러 안 올래요?

うちに食事に来ませんか。

うちに食事に来ませんか。

うち 우리 집
食事(しょくじ) 식사
来(く)る 오다
~にくる ~하러 오다

□□□ 오늘밤 나와 식사는 어때요?

今晩、わたしと食事はどうですか。

今晩、わたしと食事はどうですか。

今晩(こんばん) 오늘밤
食事(しょくじ) 식사
どう 어떻게

□□□ 언제 한번 식사라도 하시지요.

そのうち食事でも致しましょうね。

そのうち食事でも致しましょうね。

そのうち 언젠가
食事(しょくじ) 식사
致(いた)す する(하다)의 겸양어

□□□ 언제 한번 놀러 오세요.

いつか遊びに来てください。

いつか遊びに来てください。

いつか 언젠가
遊(あそ)ぶ 놀다
来(く)る 오다
~にくる ~하러 오다

□□□ 가족 모두 함께 오십시오.

ご家族そろってお越しください。

ご家族そろってお越しください。

> お越しくださいは 越してください의 겸양표현이다

家族(かぞく) 가족
そろう (모두 한곳에) 모이다
越(こ)**す** 넘다, 넘어가다

□□□ 아무런 부담 갖지 말고 오십시오.

どうぞお気軽にいらしてください。

どうぞお気軽にいらしてください。

> いらしては いらっしゃっての 줄임말이다.

どうぞ 부디
気軽(きがる)**に** 부담 없이

A: 夕方にわたしの家に遊びに来てください。

B: 本当ですか。ところで何かあるのですか。

A: ただ集まるのです。気にしないでお越しください。

B: はい、行きます。

A: 저녁에 우리 집에 놀러 오세요.
B: 정말요? 그런데 무슨 일 있어요?
A: 그냥 모이는 겁니다. 신경 쓰지 말고 오세요.
B: 네, 갈게요.

夕方(ゆうがた) 저녁
家(いえ) 집
遊(あそ)**ぶ** 놀다
ところで 그런데
集(あつ)**まる** 모이다
気(き)**にする** 신경 쓰다
越(こ)**す** 넘다, 넘어가다

UNIT 08 초대에 응답할 때

초대를 제의받았을 때 기꺼이 승낙을 표현하고자 할 때는 よろこんで, もちろん, きっと 등의 부사어를 사용하고 뒤에 招いてくれてありがとう처럼 초대에 대한 고마움을 확실히 표현해보도록 합시다. 모처럼의 초대를 거절할 때는 상대방이 기분이 나쁘지 않도록 우선 사죄를 하고 응할 수 없는 사정을 적절하게 표현할 수 있어야 합니다.

□□□ 기꺼이 갈게요.

喜んでうかがいます。

喜んでうかがいます。

喜(よろこ)んで 기꺼이 →
喜(よろこ)ぶ 기뻐하다
うかがう 찾아뵙다

□□□ 꼭 갈게요.

きっと行きます。

きっと行きます。

きっと 꼭
行(い)く 가다

□□□ 초대해 줘서 고마워요.

招いてくれてありがとう。

招いてくれてありがとう。

~てくれてありがとう ~해 줘서 고맙다

招(まね)く 초대하다

□□□ 아쉽지만 갈 수 없어요.

残念ながら行けません。

残念ながら行けません。

残念(ざんねん)ながら 아쉽지만
行(い)ける 갈 수 있다

□□□ 그 날은 갈 수 없을 것 같은데요.
その日は行けないようですが。

ようだ는 활용어에 접속하여 불확실한 단정을 나타낸다.

その日(ひ) 그 날
行(い)けない 갈 수 없다
~ようだ ~것 같다

□□□ 그 날은 선약이 있어서요.
その日は先約がありますので。

その日(ひ) 그 날
先約(せんやく) 선약
~ので ~때문에

A: 今週の土曜日は空いている？

B: うん、何か祝い事でもある？

A: うん、誕生パーティーに来てね。

B: もちろん。招いてくれてありがとう。

A: 이번 주 토요일은 시간 있니?
B: 응, 무슨 경사라도 있어?
A: 응, 생일파티에 와.
B: 물론이지. 초대해줘서 고마워.

来てね는 来てください를 줄인 표현이다.

今週(こんしゅう) 이번 주
土曜日(どようび) 토요일
空(あ)く 비다
祝い事(いわいごと) 축하할 일
誕生(たんじょう) 생일
パーティー 파티
招(まね)く 초대하다

UNIT 09 방문할 때

집을 방문할 때는 ごめんください(실례합니다)라고 집안에 있는 사람을 부른 다음 집에서 사람이 나올 때까지 대문이나 현관에서 기다립니다. 주인이 どちらさまですか라면서 나오면, こんにちは, 今日はお招きくださってありがとうございます, お世話になります 등의 인사말하고 상대의 안내에 따라 집안으로 들어서면 됩니다.

□□□ 요시무라 씨 댁이 맞습니까?

吉村さんのお宅はこちらでしょうか。

吉村さんのお宅はこちらでしょうか。

> 吉村(よしむら)さん 요시무라 씨
> お宅(たく) 댁
> こちら 이쪽

□□□ 스즈키 씨는 댁에 계십니까?

鈴木さんはご在宅ですか。

鈴木さんはご在宅ですか。

> 鈴木(すずき)さん 스즈키 씨
> 在宅(ざいたく) 재택

□□□ 5시에 약속을 했는데요.

5時に約束してありますが。

5時に約束してありますが。

> 5時(ごじ) 5시
> 約束(やくそく)する 약속하다
> ~てある ~해두다

□□□ 좀 일찍 왔나요?

ちょっと来るのが早すぎましたか。

ちょっと来るのが早すぎましたか。

> 동사의 중지형에 **すぎる**를 접속하면 '너무 ~하다'의 뜻으로 지나침을 나타낸다.

> ちょっと 좀
> 来(く)る 오다
> 早(はや)すぎる 너무 이르다

UNIT 09 방문할 때 | 95

□□□ 늦어서 죄송해요.

遅くなってすみません。

遅くなってすみません。

~てすみません ~해서 미안합니다

遅(おそ)くなる 늦어지다

□□□ 이거 변변치 않지만, 받으십시오.

これ、つまらないものですが、どうぞ。

これ、つまらないものですが、どうぞ。

つまらない 시시하다, 하찮다
どうぞ 자, 부디

A: お招きいただきありがとうございます。

B: こちらこそ、お越しくださりありがとうございます。

A: つまらないものですが、受け取ってください。

B: こんなことなさらなくてもいいのに。
とにかくありがとうございます。

A: 초대해 주셔서 감사합니다.
B: 저야말로 와주셔서 감사합니다.
A: 별거 아니지만 받아주세요.
B: 이러지 않으셔도 되는데.
아무튼 감사합니다.

お~いただく ~해 받다
(~해 주시다)
お~くださる ~해 주시다

招(まね)く 초대하다
こちらこそ 저야말로
越(こ)す 넘다, 넘어오다
つまらない 시시하다, 하찮다
受(う)け取(と)る 수취하다, 받다
なさる 하시다
とにかく 아무튼

UNIT 10 방문객을 맞이할 때

どうぞ는 남에게 정중하게 부탁할 때나 바랄 때 하는 말로 우리말의 '부디, 아무쪼록'에 해당하며, 또한 남에게 권유할 때나 허락할 때도 쓰이는 아주 편리한 말입니다. 방문한 사람이 집안으로 들어오면 우선 마음을 편하게 하는 것이 무엇보다 중요합니다. 이럴 때 주인은 どうぞくつろいでください나 どうぞお楽に라고 하며 손님을 편하게 해줍니다.

□□□ 잘 오셨습니다.

ようこそいらっしゃいました。

ようこそいらっしゃいました。

> ようこそ 상대의 방문을 환영할 때 쓰는 말이다.
>
> ようこそ 정말, 잘
> いらっしゃる 계시다, 오시다, 가시다

□□□ 자 들어오십시오.

どうぞお入りください。

どうぞお入りください。

> 요구를 할 때 쓰이는 お~ください는 ~てください의 겸양표현이다.
>
> どうぞ 부디, 자
> 入(はい)る 어오(가)다

□□□ 이쪽으로 오십시오.

こちらへどうぞ。

こちらへどうぞ。

> 방문을 환영할 때 쓰는 말이다.
>
> こちら 이쪽
> どうぞ 부디, 자

□□□ 집안을 안내해드릴까요?

家の中をご案内しましょうか。

家の中をご案内しましょうか。

> 家(いえ) 집
> 中(なか) 안, 속
> 案内(あんない)する 안내하다

□□□ 이쪽으로 앉으십시오.

こちらへお掛けください。

こちらへお掛けください。

> こちら 이쪽
> 掛(か)ける 걸터앉다

□□□ 자 편히 하십시오.

どうぞくつろいでください。

どうぞくつろいでください。

> そうぞ 부디, 자
> くつろぐ 느슨해지다, 편히 쉬다

A: どなたですか。

B: 野村(のむら)さんはいらっしゃいますか。金(キム)です。

A: あ、いらっしゃいませ。お入(はい)りください。

B: ありがとうございます。

A: 누구세요?
B: 노무라 씨는 계십니까? 김입니다.
A: 아, 어서 오십시오. 들어오십시오.
B: 감사합니다.

> どなた 누구
> いらっしゃる 계시다, 오시다, 가시다
> 入(はい)る 들어오(가)다

▣ 우리말 해석을 보고 빈칸에 알맞는 일본어를 써넣으세요.

01. 좋아요. 그 때 만나요.
いいですよ。その □□□ 会いましょう。

02. 그 날은 아쉽게도 약속이 있어요.
その日は、あいにく □□ があります。

03. 언제 한번 식사라도 하시지요.
そのうち □□□□ 致しましょうね。

04. 언제 한번 놀러 오세요.
□□□ 遊びに来てください。

05. 기꺼이 갈게요.
□□□ うかがいます。

06. 아쉽지만 갈 수 없어요.
□□□□□ 行けません。

07. 요시무라 씨 댁이 맞습니까?
吉村さんの □□□ こちらでしょうか。

08. 좀 일찍 왔나요?
ちょっと □□□□ 早すぎましたか。

09. 잘 오셨습니다.
□□□□ いらっしゃいました。

10. 자 편히 하십시오.
□□□ くつろいでください。

대화 내용의 우리말 해석을 보고 밑줄에 일본어로 써보세요.

A: わたしと昼食を _____
B: 今日はまずいですけど、明日はどうですか。

   A: 저랑 점심 같이 하실래요?
   B: 오늘은 곤란한데, 내일은 어때요?

A: 夕方にわたしの家に _____
B: 本当ですか。ところで何かあるのですか。

   A: 저녁에 우리 집에 놀러 오세요.
   B: 정말요? 그런데 무슨 일 있어요?

A: 誕生パーティーに来てね。
B: もちろん。_____

   A: 생일파티에 와.
   B: 물론이지. 초대해줘서 고마워.

A: お招きいただき _____
B: こちらこそ、お越しくださりありがとうございます。

   A: 초대해 주셔서 감사합니다.
   B: 저야말로 와주셔서 감사합니다.

A: 野村さんはいらっしゃいますか。金です。
B: あ、いらっしゃいませ。_____

   A: 노무라 씨는 계십니까? 김입니다.
   B: 아, 어서 오십시오. 들어오십시오.

UNIT 11 방문객을 대접할 때

먼저 손님이 찾아오면 いらっしゃいませ、どうぞ라고 맞이한 다음 どうぞお入りください라고 하며 안으로 안내를 합니다. 안내한 곳까지 손님이 들어오면 何か飲み物はいかがですか로 마실 것을 권유한 다음 식사를 합니다. 음식을 먹기 전에는 いただきます, 음식을 먹고 나서는 ごちそうさま 등의 식사와 음식 표현에 관한 기본적인 것을 익혀둡시다.

□□□ 잘 먹겠습니다.

いただきます。

いただきます。

> 식사하기 전에 하는 인사이다.
>
> いただく 받다

□□□ 이 음식, 맛 좀 보세요.

この料理、味見してください。

この料理、味見してください。

> 料理(りょうり) 요리
> 味見(あじみ)する 맛보다

□□□ 벌써 많이 먹었어요.

もう十分いただきました。

もう十分いただきました。

> もう 벌써, 이미
> 十分(じゅうぶん) 충분히
> いただく 받다

□□□ 잘 먹었습니다.

ごちそうさまでした。

ごちそうさまでした。

> 식사가 끝난 후에 하는 인사이다.
>
> ごちそう 맛있는 요리

□□□ 요리를 잘하시는군요.

お料理が上手ですね。

料理(りょうり) 요리
上手(じょうず)だ 능숙하다, 잘하다

□□□ 정말로 맛있었어요.

本当においしかったです。

형용사의 과거형은 어미 い를 かった로 바꾸면 된다. 정중하게 말할 때는 과거형에 です를 접속해야 한다. 기본형에 でした를 접속하여 표현하지 않는다.

本当(ほんとう)に 정말로
おいしい 맛있다

A: たいしたものではないですが、どうぞたくさん召(め)し上(あ)がってください。

B: 準備(じゅんび)が大変(たいへん)だったでしょう。

A: いいえ、どうぞ召(め)し上(あ)がってください。

B: それではいただきます。

A: 변변치 않습니다만, 자 많이 드십시오.
B: 준비하느라 힘들었겠어요.
A: 아니오, 어서 드십시오.
B: 그럼 잘 먹겠습니다.

たいした 대단한
どうぞ 부디, 잘
たくさん 많이
召(め)し上(あ)がる 드시다
準備(じゅんび) 준비
大変(たいへん)だ 힘들다, 대단하다
それでは 그럼

UNIT 12 방문을 마칠 때

おじゃまします(실례합니다)는 남의 집을 방문했을 경우에 하는 인사말로, 대접을 받고 나올 때는 おじゃました(실례했습니다)라고 말합니다. 손님이 자리를 뜨려고 하면 일단 만류하는 것이 우리와 마찬가지로 일본에서도 예의입니다. 그렇다고 마냥 눈치 없이 앉아 있는 것도 폐가 되므로 초대에 대한 감사를 표시한 다음 자리에서 일어나도록 합시다.

□□□ 이제 그만 가볼게요.

そろそろおいとまします。

そろそろおいとまします。

> おいとまする는 머무르던 곳에서 떠나겠다는 뜻을 정중하게 나타내는 말이다.
>
> そろそろ 슬슬
> おいとまする (그만) 가보겠다

□□□ 오늘 만나서 반가웠어요.

今日は会えて嬉しかったです。

今日は会えて嬉しかったです。

> ~てうれしい ~해서 기쁘다
>
> 今日(きょう) 오늘
> 会(あ)える 만날 수 있다
> 嬉(うれ)しい 기쁘다, 반갑다

□□□ 저희 집에도 꼭 오세요.

わたしのほうにもぜひ来てください。

わたしのほうにもぜひ来てください。

> ぜひ 꼭
> ~ほうにも ~쪽으로도
> 来(く)る 오다

□□□ 정말로 즐거웠어요.

本当に楽しかったです。

本当に楽しかったです。

> 本当(ほんとう)に 정말로
> 楽(たの)しい 즐겁다

□□□ 저녁을 잘 먹었습니다.

夕食をごちそうさまでした。

夕食をごちそうさまでした。

ご飯(はん) 밥
食事(しょくじ) 식사

夕食(ゆうしょく) 저녁식사
ごちそう 맛있는 요리

□□□ 또 오세요.

また来てくださいね。

また来てくださいね。

また 또
来(く)る 오다

A: もう遅くなりましたので、そろそろ失礼します。

B: おやおや。もう11時を過ぎましたね。
　　楽しんでいただけましたか。

A: もちろんです。今夜はとても楽しかったです。

A: 너무 늦어져서, 이만 실례하겠습니다.
B: 오 이런. 벌써 11시를 지났네요.
　　즐거우셨나요?
A: 물론이죠. 오늘 밤은 너무 즐거웠어요.

もう 벌써, 이미, 이제
遅(おそ)くなる 늦어지다
そろそろ 슬슬
失礼(しつれい)する 실례하다
おやおや 약간 실망했을 때 내는
　소리, 오야의 힘줌말
過(す)ぎる 지나다
楽(たの)しむ 즐기다
もちろん 물론
今夜(こんや) 오늘밤
楽(たの)しい 즐겁다

UNIT 13 난처할 때

여행을 하다 보면 가끔 난처한 상황에 처할 때가 있습니다. 예를 들어 길을 잃었거나 해서 어떻게 해야 할지 모를 때는 どうしたらいいでしょうか라고 말해보세요. 그러면 친절하게 알려줄 것입니다. 길을 걷다 보면 급하게 화장실을 가야 할 일이 있기 마련입니다. 이럴 때는 トイレはどこですか라고 하면 됩니다.

□□□ 지금 무척 곤란해요.

いま、大変困ってるんです。

- いま 지금
- 大変(たいへん) 무척, 몹시
- 困(こま)る 곤란하다

□□□ 어떻게 하면 좋을까요?

どうしたらいいでしょうか。

- どうしたら 어떻게 하면
- いい 좋다

□□□ 무슨 좋은 방법은 없을까요?

何かいい方法はありませんか。

- 何(なに)か 무언가
- いい 좋다
- 方法(ほうほう) 방법

□□□ 어떻게 좀 해 주세요.

何とかしてください。

- 何とかする 어떻게든 하다
- 何(なん)とか 어떻게
- する 하다

□□□ 화장실은 어디에 있죠?

トイレはどこですか。

トイレ 화장실
どこ 어디

トイレはどこですか。

□□□ 그건 좀 곤란한데요.

それはちょっと困るんですが。

ちょっと 좀
困(こま)る 곤란하다

それはちょっと困るんですが。

A: あの、すみません。

B: はい、何か助けが必要ですか。

A: どうも。最寄りの駅はどこでしょうか。

B: あの銀行の後ろにあります。

A: 저, 실례합니다.
B: 네, 무슨 도움이 필요하세요?
A: 고마워요. 가장 가까운 역은 어디죠?
B: 저 은행 뒤에 있습니다.

助(たす)ける 돕다
必要(ひつよう)だ 필요하다
どうも 무척, 고맙다
最寄(もよ)り 가장 가까움, 근처
駅(えき) 역
銀行(ぎんこう) 은행
後(うし)ろ 뒤

UNIT 14 말이 통하지 않을 때

여행을 떠나기 전에 기본적인 회화 정도는 익히고 출발하는 게 좋습니다. 단순히 여행을 간다면 그닥 일본어를 쓸 일이 없지만 이 정도는 알아두는 게 좋겠죠. 일본어를 할 줄 아느냐고 물었는데 모르면 日本語は話せません이라고 하면 됩니다. 반대로 일본인에게 한국어를 할 줄 아느냐고 물어볼 때는 韓国語(かんこくご)は話せますか라고 말해보세요.

□□□ 일본어는 못해요.

日本語は話せません。

日本語は話せません。

日本語(にほんご) 일본어
話(はな)せる 말할 수 있다

□□□ 일본어는 잘 못해요.

日本語はあまりできないんです。

日本語はあまりできないんです。

日本語(にほんご) 일본어
あまり 그다지, 별로
できる 할 수 있다

□□□ 제 일본어로는 부족해요.

わたしの日本語では不十分です。

わたしの日本語では不十分です。

日本語(にほんご) 일본어
不十分(ふじゅうぶん)だ 불충분하다, 충분하지 못하다 ↔
十分(じゅうぶん)だ 충분하다

□□□ 천천히 말씀해 주시겠어요?

ゆっくりと言っていただけますか。

ゆっくりと言っていただけますか。

~ていただけますか
~해 주시겠어요?

ゆっくり 천천히
言(い)う 말하다
~ていただく ~해받다

□□□ 한국어를 하는 분은 안 계세요?

韓国語を話す方はいませんか。

韓国語を話す方はいませんか。

韓国語(かんこくご) 한국어
話(はな)す 이야기하다
~方(かた) ~분

□□□ 이것은 일본어로 뭐라고 하죠?

これは日本語で何と言いますか。

これは日本語で何と言いますか。

日本語(にほんご) 일본어
何(なん) 무엇
~と言(い)う ~라고 하다

A: あの、すみません。韓国の方ですか。

B: はい、韓国から来ました。

A: 日本語はわかりますか。

B: いいえ、まだ日本へ来たばかりで、よくわかりません。

A: 저 실례합니다. 한국분이세요?
B: 네, 한국에서 왔습니다.
A: 일본어는 아십니까?
B: 아뇨, 아직 일본에 온 지 얼마 되지 않아서 잘 모릅니다.

동사의 과거형에 **ばかりだ**를 접속하면 행동을 한지 얼마 되지 않는 상태를 나타낸다.

韓国(かんこく) 한국
~方(かた) ~분
日本語(にほんご) 일본어
わかる 알다
まだ 아직
日本(にほん) 일본
~たばかりだ 막 ~하다

UNIT 15 위급한 상황일 때

그 자리의 분위기나 상대에게 신경을 쓴 나머지 자신도 모르게 그만 웃으며 승낙을 하는 경우가 있으므로 결코 알았다는 행동을 취하지 말고 적극적으로 물어봅시다. 또한 순식간에 난처한 상황이나 위급한 상황이 발생했을 때는 입이 얼어 아무 말도 나오지 않는 법입니다. 만약을 대비해서 상대를 제지할 수 있는 최소한의 표현은 반드시 기억해둡시다.

□□□ 위험해요!

危ないです!

危ないです!

危(あぶ)ない 위험하다

□□□ 다가오지 말아요!

近づかないでください!

近づかないでください!

~ないでください ~하지 마세요
近(ちか)づく 다가서다, 접근하다

□□□ 위급해요!

緊急です!

緊急です!

緊急(きんきゅう) 긴급

□□□ 도와주세요!

助けてください!

助けてください!

助(たす)ける 돕다, 구조하다

□□□ 누구 좀 와 주세요!

誰か来てください！

誰か来てください！

誰(だれ)か 누군가
来(く)る 오다

□□□ 그만두세요!

止めてください！

止めてください！

止(や)める 그만두다, 멈추다

A: 助けてください！
B: 怪我をしましたか。
A: いいえ、事故に遭いました。
B: 何があったのか正確に言ってください。

A: 도와주세요!
B: 다치셨나요?
A: 아뇨, 사고를 당했어요.
B: 무슨 일이 있었는지 정확히 말해주세요.

助(たす)ける 돕다
怪我(けが) 상처
事故(じこ) 사고
~に遭(あ)う ~을 당하다
正確(せいかく)に 정확히
言(い)う 말하다

▮ 우리말 해석을 보고 빈칸에 알맞는 일본어를 써넣으세요.

01. 잘 먹겠습니다.
　□□□きます。

02. 잘 먹었습니다.
　□□□□さまでした。

03. 이제 그만 가볼게요.
　そろそろ□□□□します。

04. 정말로 즐거웠어요.
　本当に□□□□□です。

05. 무슨 좋은 방법은 없을까요?
　何かいい□□はありませんか。

06. 그건 좀 곤란한데요.
　それはちょっと□□んですが。

07. 일본어는 잘 못해요.
　□□□はあまりできないんです。

08. 천천히 말씀해 주시겠어요?
　□□□□と言っていただけますか。

09. 다가오지 말아요!
　近づかないで□□□□！

10. 누구 좀 와 주세요!
　誰か□□ください！

▎대화 내용의 우리말 해석을 보고 밑줄에 일본어로 써보세요.

A: どうぞ＿＿＿＿＿＿＿＿＿＿＿＿＿＿

B: それではいただきます。

    A: 어서 드십시오.
    B: 그럼 잘 먹겠습니다.

A: もう遅くなりましたので、＿＿＿＿＿＿＿＿＿＿＿

B: おやおや。もう11時を過ぎましたね。

    A: 너무 늦어져서, 이만 실례하겠습니다.
    B: 오 이런. 벌써 11시를 지났네요.

A: あの、＿＿＿＿＿＿＿＿＿

B: はい、何か助けが必要ですか。

    A: 저, 실례합니다.
    B: 네, 무슨 도움이 필요하세요?

A: ＿＿＿＿＿＿＿＿＿＿＿＿

B: まだ日本へ来たばかりで、よくわかりません。

    A: 일본어는 아십니까?
    B: 아직 일본에 온 지 얼마 되지 않아서 잘 모릅니다.

A: ＿＿＿＿＿＿＿＿＿＿＿＿

B: 怪我をしましたか。

    A: 도와주세요!
    B: 다치셨나요?

UNIT 16 물건을 분실했을 때

여권이나 귀중품을 분실했다면 먼저 분실물센터나 호텔의 경비담당 아니면 경찰에 신고해보세요. 만약 신용카드를 분실했다면 카드사에 연락하여 사용을 정지시키고, 비행기탑승권을 분실했다면 여행사나 항공사에 연락하세요. 그리고 여권 분실에 대비하여 발행 연월일, 번호, 발행지 등은 수첩에 메모를 해두고 예비사진 2장도 준비해두는 것도 도움이 됩니다.

□□□ 여권을 잃어버렸어요.

パスポートをなくしました。

パスポートをなくしました。

パスポート 여권
なくす 잃다, 분실하다, 없애다

□□□ 전철에 가방을 놓고 내렸어요.

電車にバッグを忘れました。

電車にバッグを忘れました。

電車(でんしゃ) 전철
バッグ 백, 가방
忘(わす)れる 잊다

□□□ 유실물 센터는 어디에 있죠?

紛失物係はどこですか。

紛失物係はどこですか。

紛失物係(ふんしつものがかり) 유실물 센터
どこ 어디

□□□ 누구에게 알리면 되죠?

誰に知らせたらいいですか。

誰に知らせたらいいですか。

~たらいいですか ~하면 될까요?

誰(だれ) 누구
知(し)らせる 알리다

□□□ 무엇이 들어있었죠?

何が入っていましたか。

何が入っていましたか。

何(なに) 무엇
入(はい)る 들어가(오)다

□□□ 찾으면 연락드릴게요.

見つかったら連絡します。

見つかったら連絡します。

見(み)つかる 찾다, 발견되다
連絡(れんらく)する 연락하다

A: 紛失物係はどこですか。

B: どうしたんですか。

A: 電車にバッグを忘れました。

B: 何線ですか。

A: 유실물 센터는 어디에 있죠?
B: 어떻게 된 겁니까?
A: 전철에 가방을 놓고 내렸어요.
B: 무슨 선입니까?

紛失物(ふんしつもの) 분실물
~係(がかり) ~담당
電車(でんしゃ) 전철
バッグ 백, 가방
忘(わす)れる 잊다
何線(なにせん) 무슨 선

UNIT 17 도난당했을 때

일본은 치안이 잘 되어 있는 나라지만 만약을 대비해서 다음과 같은 표현도 잘 익혀 두면 위급할 때 유용하게 쓸 수 있습니다. 만약 물건을 도난당했다면 우선 도난 품목을 빠짐없이 작성하고 현지 경찰에 도난신고를 하거나 대사관 영사부에 도움을 요청해보세요. 그리고 보험에 가입되어 있다면 해당 보험사에도 연락하여 피해사건을 신고하도록 하세요.

□□□ 강도예요!

強盗ですよ!

強盗ですよ!

強盗(ごうとう) 강도

□□□ 돈을 빼앗겼어요.

お金を奪われました。

お金を奪われました。

奪われる는 奪う(빼앗다)의 수동형이다.

お金(かね) 돈
奪(うば)う 빼앗다

□□□ 스마트폰을 도둑맞았어요.

スマートフォンを盗まれました。

スマートフォンを盗まれました。

盗まれる는 盗む(훔치다)의 수동형이다.

スマートフォン 스마트폰
盗(ぬす)む 훔치다

□□□ 전철 안에서 지갑을 소매치기 당했어요.

電車の中で財布をすられました。

電車の中で財布をすられました。

すられる는 する(소매치기하다)의 수동형이다.

電車(でんしゃ) 전철
中(なか) 안, 속
財布(さいふ) 지갑
する 소매치기하다

☐☐☐ 방에 도둑이 든 것 같아요.

部屋に泥棒が入ったようなんです。

部屋に泥棒が入ったようなんです。

> ようだは活用語に接続하여 불확실한 또는 완곡한 단정을 나타낸다.

部屋(へや) 방
泥棒(どろぼう) 도둑
入(はい)**る** 들어오(가)다
~ようだ ~것 같다

☐☐☐ 도난신고서를 내고 싶은데요.

盗難届けを出したいんですが。

盗難届けを出したいんですが。

> **~たいんですが** ~하고 싶은데요

盗難届(とうなんとどけ)
 도난신고
出(だ)**す** 내다

A: 盗難届(とうなんとど)けを出(だ)したいんですが。

B: はい。何(なに)を盗(ぬす)まれましたか。

A: スーツケースを盗(ぬす)まれました。

B: スーツケースはどんな形(かたち)をしていますか。

A: 도난신고를 하고 싶은데요.
B: 네. 무엇을 도둑맞았습니까?
A: 여행가방을 도둑맞았어요.
B: 여행가방은 어떻게 생겼나요?

盗難(とうなん) 도난
届(とど)**け** 신고
出(だ)**す** 내다
盗(ぬす)**む** 훔치다
スーツケース 여행가방
どんな 어떤
形(かたち) 형태, 모양

UNIT 18 교통사고가 났을 때

사고는 일어나기 전에 미리 대비하고 예방하는 것이 가장 중요합니다. 만약 교통사고가 일어나면 우선 경찰에게 알리고 보험회사, 렌터카 회사에 연락을 취합니다. 사고 당사자가 먼저 사죄를 하면 잘못을 인정하는 꼴이 되므로 당황하지 말고 신중하게 대처해야 합니다. 그리고 사고에 대한 보험을 청구하기 위해서는 사고증명서를 반드시 받아두어야 합니다.

□□□ 교통사고예요!

交通事故ですよ!

交通事故ですよ!

交通(こうつう) 교통
事故(じこ) 사고

□□□ 구급차를 불러 주세요.

救急車を呼んでください。

救急車を呼んでください。

救急車(きゅうきゅうしゃ) 구급차
呼(よ)ぶ 부르다

□□□ 도와줘요! 사고예요!

助けて!事故ですよ!

助けて!事故ですよ!

助(たす)ける 돕다, 구조하다
事故(じこ) 사고

□□□ 경찰을 불러 주세요.

警察を呼んでください。

警察を呼んでください。

警察(けいさつ) 경찰
呼(よ)ぶ 부르다

☐☐☐ 저에게는 과실이 없어요.

わたしの方には過失はありません。

方(ほう) 쪽
過失(かしつ) 과실

☐☐☐ 이 사고는 제 탓입니다.

この事故は私のせいです。

事故(じこ) 사고
私(わたし) 나, 저
せい 탓

A: 助けて！事故ですよ！

B: 大丈夫ですか。お怪我はありませんか。

A: わたしは大丈夫です。しかし、車が潰れました。

B: 大丈夫そうで本当によかったです。

A: 도와주세요! 사고예요!
B: 괜찮으신가요? 다친 곳은 없나요?
A: 저는 괜찮습니다. 그러나 차가 찌그러졌어요.
B: 괜찮아 보여서 정말 다행이에요.

助(たす)ける 돕다, 구조하다
事故(じこ) 사고
大丈夫(だいじょうぶ)だ 괜찮다
怪我(けが) 상처
しかし 그러나
車(くるま) 차
潰(つぶ)れる 찌그러지다
~そうだ ~한 것 같다, ~한 듯하다
よかった 좋았다, 다행이다

UNIT 19 병원에서

의사에게 진찰을 받고 싶을 때는 먼저 호텔 프런트에 증상을 설명하고 해당 의료기관을 소개받습니다. 또한 관광안내소에서도 가까운 의료기관을 소개받을 수 있으며, 만약 해외여행보험에 가입했을 경우에도 보험사에 연락하여 의료기관을 소개받을 수 있습니다. 병원에서 들어가면 먼저 접수를 하고 문진표를 작성한 다음 의사의 진찰과 처방을 받고 수납하면 됩니다.

□□□ 무슨 과의 진료를 원하세요?

何科の受診をご希望ですか。

何科(なにか) 무슨 과
受診(じゅしん) 진료
希望(きぼう) 희망

□□□ 보험증은 가지고 계세요?

保険証はお持ちでしょうか。

동사의 중지형에 접속한 존경표현인 お~です의 추측형인 お~でしょうか는 '~할까요?'의 뜻이다.

保険証(ほけんしょう) 보험증
持(も)つ 갖다, 들다

□□□ 이 병원에서의 진료는 처음이세요?

この病院での受診ははじめてですか。

病院(びょういん) 병원
受診(じゅしん) 진료
はじめて 처음

□□□ 다음에는 언제 오면 되죠?

今度はいつ来たらいいでしょうか。

~たらいいでしょうか
~하면 될까요?

今度(こんど) 이번
いつ 언제
来(く)る 오다

□□□ 몇 번 통원해야 하죠?

何回通院しないといけませんか。

何回通院しないといけませんか。

💬 しないといけません 하지 않으면 안 됩니다; 해야 합니다

何回(なんかい) 몇 번
通院(つういん)する 통원하다

□□□ 오늘 진찰비는 얼마예요?

今日の診察代はおいくらですか。

今日の診察代はおいくらですか。

今日(きょう) 오늘
診察代(しんさつだい) 진찰료
いくら 얼마

A: 電話で予約をした金です。

B: 以前、来診されたことがありますか。

A: いいえ、初めてです。

B: この診断カードを記入してください。

A: 전화로 예약을 한 김입니다.
B: 전에 내진을 하신 적이 있습니까?
A: 아뇨, 처음이에요.
B: 이 진료카드를 기입해 주세요.

電話(でんわ) 전화
予約(よやく) 예약
以前(いぜん) 이전
来診(らいしん)する 내진하다 →
来診される 내진하시다(존경표현)
初(はじ)めて 처음
診断(しんだん) 진단
カード 카드
記入(きにゅう)する 기입하다

UNIT 20 증세를 물을 때

현지에서 몸이 아플 때 말이 통하지 않으면 매우 당혹스럽습니다. 이럴 때는 현지 가이드의 통역을 받는 것이 가장 손쉬운 일이지만, 혼자일 경우에는 아픈 증상을 정확하게 전달할 수 있는 의사소통의 능력을 갖추어야 합니다. 우리와 마찬가지로 대부분의 병원은서 접수를 하고 대기하면 순서대로 호출을 합니다. 의사가 증상을 물으면 정확하게 증상을 말하도록 합시다.

□□□ 오늘은 어디가 아프세요?

今日はどうなさいましたか。

今日はどうなさいましたか。

今日(きょう) 오늘
どう 어떻게
なさる 하시다

□□□ 어디 아프세요?

どこか痛みますか。

どこか痛みますか。

どこか 어딘가
痛(いた)む 아프다

□□□ 여기를 누르면 아파요?

ここを押すと痛いですか。

ここを押すと痛いですか。

접속조사 と는 '~하면'의 뜻으로 가정을 나타낸다.

押(お)す 누르다
痛(いた)い 아프다

□□□ 어느 정도 간격으로 머리가 아프세요?

どれくらいおきに頭痛がしますか。

どれくらいおきに頭痛がしますか。

頭痛がする 머리가 아프다, 두통이 나다

どれくらい 어느 정도
おきに 간격으로
頭痛(ずつう) 두통

UNIT 20 증세를 물을 때 | 121

□□□ 이런 증상은 이전에도 있었어요?

このような症状は、以前にもありましたか。

- このような 이런, 이러한
- 症状(しょうじょう) 증상
- 以前(いぜん)にも 이전에도

□□□ 알레르기 체질인가요?

アレルギー体質ですか。

- アレルギー 알레르기
- 体質(たいしつ) 체직

A: このような症状は、以前にもありましたか。

B: いいえ、初めてです。症状が重いですか。

A: 心配するほどではありません。

B: それなら、薬物治療だけで治りますか。

A: 이런 증상이 이전에도 있었습니까?
B: 아니요, 처음이에요. 증상이 심한가요?
A: 걱정할 정도는 아닙니다.
B: 그렇다면 약물치료만으로 낫나요?

~ほどではありません
~정도는 아닙니다

- 症状(しょうじょう) 증상
- 以前(いぜん) 이전
- 初(はじ)めて 처음
- 重(おも)い 무겁다
- 心配(しんぱい)する 걱정하다
- ほど 정도
- それなら 그렇다면
- 薬物(やくぶつ) 약물
- 治療(ちりょう) 치료
- ~だけで ~만으로
- 治(なお)る 낫다

▎우리말 해석을 보고 빈칸에 알맞은 일본어를 써넣으세요.

01. 여권을 잃어버렸어요.
パスポートを □□□ ました。

02. 유실물 센터는 어디에 있죠?
□□□ 係はどこですか。

03. 스마트폰을 도둑맞았어요.
スマートフォンを □□□□□□ 。

04. 전철 안에서 지갑을 소매치기 당했어요.
電車の中で財布を □□□□□□ 。

05. 구급차를 불러 주세요.
□□□ を呼んでください。

06. 저에게는 과실이 없어요.
わたしの方には □□ はありません。

07. 무슨 과의 진료를 원하세요?
何科の □□ をご希望ですか。

08. 이 병원에서의 진료는 처음이세요?
この病院での受診は □□□□ ですか。

09. 어디 아프세요?
どこか □□□□ か。

10. 어느 정도 간격으로 머리가 아프세요?
どれくらいおきに □□ がしますか。

대화 내용의 우리말 해석을 보고 밑줄에 일본어로 써보세요.

A: どうしたんですか。

B: 電車に _____

    A: 어떻게 된 겁니까?
    B: 전철에 가방을 놓고 내렸어요.

A: _____

B: スーツケースはどんな形をしていますか。

    A: 여행 가방을 도둑맞았어요.
    B: 여행가방이 어떻게 생겼나요?

A: 助けて！_____

B: 大丈夫ですか。お怪我はありませんか。

    A: 도와주세요! 사고예요!
    B: 괜찮으신가요? 다친 곳은 없나요?

A: 電話で予約をした金です。

B: 以前、_____

    A: 전화로 예약을 한 김입니다.
    B: 전에 내진을 하신 적이 있습니까?

A: このような症状は、_____

B: いいえ、初めてです。症状が重いですか。

    A: 이런 증상이 이전에도 있었습니까?
    B: 아니요, 처음이에요. 증상이 심한가요?

UNIT 21 증상을 설명할 때

의사에게 진료를 받을 때는 아픈 증상을 자세하게 말해야 정확한 진단이 나옵니다. 말이 잘 통하지 않을 때는 한국어를 잘 아는 의사를 부탁하거나 통역을 불러 진료를 받도록 하세요. 아픈 증상을 일본어로 말할 때는 확실히 밝혀진 것이 아니기 때문에 불확실한 단정을 나타내는 ~ようです(~인 것 같습니다)나 회화체인 ~みたいです로 표현하는 경우가 많습니다.

□□□ 열이 있고 기침이 있어요.

熱があり、せきが出ます。

熱があり、せきが出ます。

> あり는 나열하거나 설명할 때 쓰이는 あって와 같은 뜻으로 ある(있다)의 중지형이다.

熱(ねつ) 열
せき 기침
出(で)る 나오다

□□□ 조금 열이 있는 것 같아요.

少し熱があるようです。

少し熱があるようです。

> ようだ는 '~(인) 것 같다, ~(한) 듯하다' 뜻으로 불확실한 또는 완곡한 단정을 나타낸다.

少(すこ)し 조금
熱(ねつ) 열
~ようだ ~것 같다

□□□ 미열이 있는 것 같아요.

微熱があるようです。

微熱があるようです。

微熱(びねつ) 미열
~ようだ ~것 같다

□□□ 유행성 독감에 걸린 것 같아요.

流感にかかったみたいです。

流感にかかったみたいです。

> 불확실한 또는 완곡한 단정을 나타내는 みたいです는 ようです의 회화체이다.

流感(りゅうかん) 유행성 독감
かかる 걸리다
~みたいだ ~것 같다, ~처럼 보이다

□□□ 토할 것 같아요.
吐きそうです。

吐きそうです。

> そうですが動詞のます形에 접속할 때는 양태를 나타낸다.

吐(は)く 토하다
~そうだ ~것 같다

□□□ 충치가 몇 개 있는 것 같아요.
虫歯が何本かあると思います。

虫歯が何本かあると思います。

虫歯(むしば) 충치
何本(なんぼん) 몇 개
~と思(おも)う ~라고 생각하다

A: どうなさいましたか。

B: 熱があって、体がだるく、咳が止まりません。
それから食欲もありません。

A: いつからですか。

B: 二日前からです。

A: 어디가 아프세요?
B: 열이 있고 몸이 나른하고 기침이 멈추지 않습니다. 그리고 식욕도 없습니다.
A: 언제부터입니까?
B: 이틀 전부터요.

熱(ねつ) 열
体(からだ) 몸
だるい 나른하다
咳(せき) 기침
止(と)まる 멈추다
それから 그리고 나서
食欲(しょくよく) 식욕
いつから 언제부터
二日前(ふつかまえ) 이틀 전

UNIT 22 아픈 곳을 말할 때

여행을 하다 보면 뜻하지 않게 사고로 다치거나 몸이 아파서 병원을 찾아야 하는 경우가 있습니다. 의사가 물으면 아픈 곳을 손으로 가리키며 정확히 말하도록 합시다. 일본어에서 우리말 '아프다'에 해당하는 단어는 痛い와 痛む가 있습니다. 痛い는 형용사이며 痛む는 동사입니다. 형용사와 동사는 서술어이기 때문에 활용 방법만 다르지 의미에는 차이가 없습니다.

□□□ 배가 아파요.

腹が痛みます。

腹が痛みます。

> 腹(はら) 배
> 痛(いた)む 아프다

□□□ 허리가 아파서 움직일 수 없어요.

腰が痛くて動けません。

腰が痛くて動けません。

> 腰(こし) 허리
> 痛(いた)い 아프다
> 動(うご)く 움직이다 →
> 動ける 움직일 수 있다

□□□ 귀가 울려요.

耳鳴りがします。

耳鳴りがします。

> 耳鳴りがする 귀가 울리다
> 耳鳴(みみな)り 이명, 귀가 울림

□□□ 무좀이 심해요.

水虫がひどいのです。

水虫がひどいのです。

> 水虫(みずむし) 무좀
> ひどい (정도나 상태가 몹시)
> 심하다

□□□ 아파서 눈을 뜰 수 없어요.

痛くて目を開けていられません。

痛くて目を開けていられません。

~ていられません ~하고 있을 수 없습니다

痛(いた)い 아프다
目(め) 눈
開(あ)ける 열다, 뜨다

□□□ 이가 하나 흔들거려요.

歯が一本ぐらぐらしています。

歯が一本ぐらぐらしています。

歯(は) 이
一本(いっぽん) 한 개
ぐらぐらする 흔들거리다

A: お腹が痛いんです。

B: どんなふうに痛みますか。

A: お腹の右脇のほうがシクシク痛み、気分が悪いんです。

B: ここにちょっと横になってください。

A: 배가 아픕니다.
B: 어떻게 아프세요?
A: 배의 오른쪽 겨드랑이 쪽이 욱신욱신 아프고, 속이 안 좋습니다.
B: 여기에 좀 누우세요.

お腹(なか) 배
痛(いた)い 아프다
どんなふうに 어떻게
痛(いた)む 아프다
右(みぎ) 오른쪽
脇(わき) 겨드랑이
シクシク 콕콕
気分(きぶん) 기분
悪(わる)い 나쁘다
横(よこ)になる 옆으로 눕다

UNIT 23 검진을 받을 때

병원에서는 정확한 진단을 위해 몇 가지 검사나 검진을 하는 경우가 있습니다. 만약을 대비해서 병원 검진에 필요한 표현을 익혀두가 바랍니다. 건강검진의 경우 인기 있는 종합병원의 경우 1년 후의 예약까지 다 차있다고 합니다. 일본에서 거주하거나 유학생활을 하는 경우 이외는 여행을 하면서 건강검진을 받을 일은 없습니다.

□□□ 목을 보여 주세요.

喉を見せてください。

喉を見せてください。

喉(のど) 목
見(み)せる 보이다

□□□ 혈압을 잴게요.

血圧をはかります。

血圧をはかります。

血圧(けつあつ) 혈압
はかる 재다

□□□ 여기 엎드려 누우세요.

ここにうつぶせに寝てください。

ここにうつぶせに寝てください。

ここに 여기에
うつぶせ 엎드려 누움
寝(ね)る 자다

□□□ 숨을 들이쉬고 멈추세요.

息を吸って止めてください。

息を吸って止めてください。

息をする 숨을 쉬다

息(いき) 숨
吸(す)う 들이마시다
止(と)める 멈추다

UNIT 23 검진을 받을 때 | 129

□□□ 저는 어디가 안 좋아요?

わたしはどこが悪いのでしょうか。

わたしはどこが悪いのでしょうか。

どこ 어디
悪(わる)い 나쁘다

□□□ 결과는 1주일 후에 나옵니다.

結果は一週間後に出ます。

結果は一週間後に出ます。

結果(けっか) 결과
一週間後(いっしゅかんご) 1주일 후
出(で)る 나오다

A: この検査は痛いですか。

B: いいえ、痛みは一切ありません。

A: 検査の結果はいつ出ますか。

B: 一週間後に出ます。まず血圧を計ります。

A: 이 검사는 아픈가요?
B: 아뇨, 통증은 전혀 없습니다.
A: 검사 결과는 언제 나옵니까?
B: 1주일 후에 나와요. 먼저 혈압을 재겠습니다.

検査(けんさ) 검사
痛(いた)い 아프다
痛(いた)み 통증
一切(いっさい) 전혀, 일체
結果(けっか) 결과
出(で)る 나오다
まず 먼저, 우선
血圧(けつあつ) 혈압
計(はか)る 재다

UNIT 24 입퇴원 또는 병문안할 때

병문안을 할 때 가지고 가는 선물로는 음료수나 먹을 것 등을 가지고 가는 게 좋습니다. 그리고 병원에서는 조용히 말을 해야 합니다. 만약 병실이 1인실이 아니라면 옆에 계시는 분들에게도 피해가 되기 때문입니다. 환자와의 긴 시간 동안 함께 있는 것은 예의가 아니므로 상대의 쾌차를 빌고 일찍 나오는 것도 좋습니다.

□□□ 어느 병원에 입원했죠?

どこの病院に入院しましたか。

どこの病院に入院しましたか。

病院(びょういん) 병원
入院(にゅういん)する 입원하다
↔ 退院(たいいん)する 퇴원하다

□□□ 요시무라 씨 병실은 어디죠?

吉村さんの病室はどこですか。

吉村さんの病室はどこですか。

吉村(よしむら)さん 요시무라 씨
病室(びょうしつ) 병실
どこ 어디

□□□ 빨리 회복하세요.

早く、よくなってくださいね。

早く、よくなってくださいね。

형용사 ~くなる ~해지다

早(はや)い 빠르다, 이르다
よくなる 좋아지다

□□□ 생각보다 훨씬 건강해 보이네요.

思ったよりずっと元気そうですね。

思ったよりずっと元気そうですね。

思ったより 생각했던 것보다; 생각보다
ずっと 훨씬, 쭉
元気(げんき)だ 건강하다
~そうだ ~처럼 보이다

UNIT 24 입퇴원 또는 병문안할 때 | 131

☐☐☐ 반드시 곧 건강해질 거예요.

きっとすぐ元気になりますよ。

きっとすぐ元気になりますよ。

な형용사 ~になる ~해지다

きっと 꼭
すぐ 곧
元気(げんき)になる 건강해지다

☐☐☐ 아무쪼록 몸조리 잘하세요.

くれぐれもお大事に。

くれぐれもお大事に。

くれぐれも 부디, 아무쪼록
大事(だいじ)だ 소중하다, 큰일이다
→ 大事に 소중하게

A: 木村さん、どうしたんですか。

B: ええ、交通事故で軽い怪我をしまして…。

A: ご気分はいかがですか。

B: だいぶ良くなりました。ありがとうございます。

A: 기무라 씨, 어떻게 된 거예요?
B: 네, 교통사고로 가벼운 상처를 입어서요….
A: 기분은 어떠세요?
B: 많이 좋아졌어요. 감사합니다.

交通(こうつう) 교통
事故(じこ) 사고
軽(かる)い 가볍다
怪我(けが) 상처
気分(きぶん) 기분
いかが 어떻게
だいぶ 상당히
良(よ)くなる 좋아지다

UNIT 25 약국에서

일본도 우리처럼 의사의 진단이 없이는 약을 함부로 조제받을 수 없습니다. 간단한 약을 사는데도 의사의 처방이 필요한 경우가 있으므로 병원에 가서 의사의 처방을 받아야 합니다. 또한 요즘 일본에서는 병원 진료를 받으려면 너무 많이 기다려야 하기 때문에 심각한 통증이나 질환이 아닌 대다수의 소비자는 드럭스토어에 가서 일반 의약품을 사 먹고 얼른 문제를 해결하려고 합니다.

□□□ 이 약으로 통증이 가라앉을까요?

この薬で痛みがとれますか。

この薬で痛みがとれますか。

薬を飲(の)む 약을 먹다

薬(くすり) 약
痛(いた)み 통증
とれる 떨어지다

□□□ 피로에는 무엇이 잘 들어요?

疲れ目には何が効きますか。

疲れ目には何が効きますか。

薬が効く 약이 듣다

疲れ目(つかれめ) 피로
何(なに) 무엇
効(き)く (약이) 듣다

□□□ 바르는 약 좀 주세요.

塗り薬がほしいのですが。

塗り薬がほしいのですが。

塗り薬(ぬりぐすり) 바르는 약
ほしい 갖고 싶다

□□□ 몇 번 정도 복용하죠?

何回くらい服用するのですか。

何回くらい服用するのですか。

何回(なんかい) 몇 번
くらい 정도
服用(ふくよう)する 복용하다

□□□ 한 번에 몇 알 먹으면 되죠?

1回に何錠飲めばいいですか。

~ばいいですか 하면 됩니까?

一回(いっかい) 한 번
何錠(なんじょう) 몇 알
飲(の)む 마시다

□□□ 진통제는 들어 있어요?

痛み止めは入っていますか

痛(いた)み止(ど)め 진통제
入(はい)る 들어가(오)다

A: この薬は1日に何回飲みますか。

B: 4時間ごとに飲んでください。

A: 副作用はありませんか。

B: わたしの知る限りではありません。

A: 이 약은 하루에 몇 번 먹습니까?
B: 4시간마다 드세요.
A: 부작용은 없나요?
B: 제가 아는 한 없습니다.

かぎりではない
그 범위에 들지 않다

薬(くすり) 약
1日(いちにち) 하루
何回(なんかい) 몇 번
飲(の)む 마시다
~ごとに ~마다
副作用(ふくさよう) 부작용
知(し)る 알다
限(かぎ)り 한도, ~껏

▼ 우리말 해석을 보고 빈칸에 알맞는 일본어를 써넣으세요.

01. 조금 열이 있는 것 같아요.

少し □ があるようです。

02. 유행성 독감에 걸린 것 같아요.

□□ にかかったみたいです。

03. 허리가 아파서 움직일 수 없어요.

腰が □□□ 動けません。

04. 아파서 눈을 뜰 수 없어요.

痛くて目を □□□ いられません。

05. 목을 보여 주세요.

喉を □□□ ください。

06. 숨을 들이쉬고 멈추세요.

息を吸って □□□ ください。

07. 어느 병원에 입원했죠?

どこの病院に □□ しましたか。

08. 생각보다 훨씬 건강해 보이네요.

思ったよりずっと □□ そうですね。

09. 피로에는 무엇이 잘 들어요?

疲れ目には何が □□□□ か。

10. 진통제는 들어 있어요?

□□□□ は入っていますか。

대화 내용의 우리말 해석을 보고 밑줄에 일본어로 써보세요.

A: _____

B: 熱があって、体がだるく、咳が止まりません。

A: 어디가 아프세요?
B: 열이 있고 몸이 나른하고 기침이 멈추지 않습니다.

A: お腹が痛いんです。

B: _____

A: 배가 아픕니다.
B: 어떻게 아프세요?

A: この _____

B: いいえ、痛みは一切ありません。

A: 이 검사는 아픈가요?
B: 아뇨, 통증은 전혀 없습니다.

A: 木村さん、_____

B: ええ、交通事故で軽い怪我をしまして…。

A: 기무라 씨, 어떻게 된 거예요?
B: 네, 교통사고로 가벼운 상처를 입어서요….

A: この薬は _____

B: 4時間ごとに飲んでください。

A: 이 약은 하루에 몇 번 먹습니까?
B: 4시간마다 드세요.

01 정보와 교통

전화

전화	[電話] でんわ
휴대폰	[ケータイ]
스마트폰	[スマホ]
통화	[通話] つうわ
수화기	[受話器] じゅわき
내선	[内線] ないせん
외선	[外線] がいせん
전화번호	[電話番号] でんわばんごう
국번	[局番] きょくばん
지역번호	[市外局番] しがいきょくばん
팩스	[ファックス]
전화번호부	[電話帳] でんわちょう
공중전화	[公衆電話] こうしゅうでんわ
국제전화	[国際電話] こくさいでんわ
화상전화	[テレビ電話] テレビでんわ
전언	[伝言] でんごん
통화중	[話し中] はなしちゅう
혼선	[混線] こんせん

우편

우체국	[郵便局] ゆうびんきょく
우체통	[郵便ポスト] ゆうびんポスト
우편함	[郵便受け] ゆうびんうけ
주소	[住所] じゅうしょ
우편번호	[郵便番号] ゆうびんばんごう
집배원	[配達人] はいたつにん
속달	[速達] そくたつ
소포	[小包] こづつみ
편지	[手紙] てがみ
우표	[切手] きって
엽서	[葉書] はがき
그림엽서	[絵葉書] えはがき
편지지	[便箋] びんせん
봉투	[封筒] ふうとう
연하장	[年賀状] ねんがじょう
사서함	[私書箱] ししょばこ
등기우편	[書留] かきとめ
발신인	[差出人] さしだしにん
수취인	[受取人] うけとりにん
수신인명	[宛名] あてな
수신인의 주소	[宛先] あてさき
회답	[返事] へんじ
답장	[返書] へんしょ
반신용	[返信用] へんしんよう
동봉	[同封] どうふう
우송	[郵送] ゆうそう
발송	[発送] はっそう
통지	[通知] つうち
	[知らせ] しらせ
배편	[船便] ふなびん
항공편	[航空便] こうくうびん
택배편	[宅配便] たくはいびん
퀵서비스	[バイク便] バイクびん
짐	[荷物] にもつ
창구	[窓口] まどぐち

방송

케이블티브이	[ケーブルテレビ]
아나운서	[アナウンサー]
방송	[放送] ほうそう
생방송	[生放送] なまほうそう
재방송	[再放送] さいほうそう
보도	[報道] ほうどう
시청자	[視聴者] しちょうしゃ
시청률	[視聴率] しちょうりつ
방송국	[放送局] ほうそうきょく
중계	[中継] ちゅうけい
녹화	[録画] ろくが
녹음	[録音] ろくおん
채널	[チャンネル]
프로	[番組] ばんぐみ
연속극	[連続ドラマ] れんぞくドラマ

신문과 잡지

독자	[読者]	どくしゃ
구독	[購読]	こうどく
기자	[記者]	きしゃ
속보	[速報]	そくほう
특종	[特種]	とくだね
신문	[新聞]	しんぶん
조간	[朝刊]	ちょうかん
석간	[夕刊]	ゆうかん
잡지	[雑誌]	ざっし
주간지	[週刊誌]	しゅうかんし
일간지	[日刊紙]	にっかんし
기사	[記事]	きじ
사설	[社説]	しゃせつ
편집	[編集]	へんしゅう
게재	[掲載]	けいさい
인쇄	[印刷]	いんさつ
발행	[発行]	はっこう

책과 서적

책	[本]	ほん
서적	[書籍]	しょせき
베스트셀러	[ベストセラー]	
출판물	[出版物]	しゅっぱんぶつ
장르	[ジャンル]	
소설	[小説]	しょうせつ
고전	[古典]	こてん
문학	[文学]	ぶんがく
시	[詩]	し
에세이	[エッセイ]	
수필	[随筆]	ずいひつ
동화	[童話]	どうわ
만화	[漫画]	まんが
가이드북	[ガイドブック]	
그림책	[絵本]	えほん
색인	[索引]	さくいん
재판	[再販]	さいはん
서점	[書店]	しょてん
책방	[本屋]	ほんや
출판사	[出版社]	しゅっぱんしゃ
인쇄소	[印刷所]	いんさつしょ
헌책	[古本]	ふるほん

교통과 운송

교통	[交通]	こうつう
운송	[運送]	うんそう
화물차	[貨物車]	かもつしゃ
수하물	[手荷物]	てにもつ
교통사고	[交通事故]	こうつうじこ
엘리베이터	[エレベーター]	
에스컬레이터	[エスカレーター]	
역	[駅]	えき
개찰구	[改札口]	かいさつぐち
대합실	[待合室]	まちあいしつ
표 파는 곳	[切符売り場]	きっぷうりば
타는 곳	[乗り場]	のりば
안내소	[案内所]	あんないじょ
터미널	[ターミナル]	
운임	[運賃]	うんちん
주차장	[駐車場]	ちゅうしゃじょう
주유소	[ガソリンスタンド]	
시각표	[時刻表]	じこくひょう
기차	[汽車]	きしゃ
차	[車]	くるま
자동차	[自動車]	じどうしゃ
택시	[タクシー]	
전철	[電車]	でんしゃ
지하철	[地下鉄]	ちかてつ
버스	[バス]	
트럭	[トラック]	
자전거	[自転車]	じてんしゃ
오토바이	[バイク]	
소방차	[消防車]	しょうぼうしゃ
차비, 교통비	[交通費]	こうつうひ
기본요금	[基本料金]	きほんりょうきん
할증요금	[割増料金]	わりましりょうきん

미터기	[メーター]		안전벨트	[シートベルト]
빈차	[空車] くうしゃ		우회	[迂回] うかい
갈아타기	[乗り換え] のりかえ		정체	[渋滞] じゅうたい
차표, 승차권	[乗車券] じょうしゃけん		추월	[追い越し] おいこし
편도	[片道] かたみち		건널목	[踏切] ふみきり
왕복	[往復] おうふく		지름길	[近道] ちかみち
지정석	[指定席] していせき		큰길, 대로	[大通り] おおどおり
일등석	[一等席] いっとうせき		골목, 골목길	[横町] よこちょう
자유석	[自由席] じゆうせき		가로수	[街路樹] がいろじゅ
입석	[立ち席] たちせき		다리	[橋] はし
침대차	[寝台車] しんだいしゃ		육교	[歩道橋] ほどうきょう
특급	[特急] とっきゅう		광장	[広場] ひろば
쾌속	[快速] かいそく		네거리	[四つ角] よつかど
급행	[急行] きゅうこう		연료	[燃料] ねんりょう
완행	[各駅停車] かくえきていしゃ		휘발유	[ガソリン]
직행	[直行] ちょっこう		운반	[運搬] うんぱん
첫차	[始発] しはつ		운전	[運転] うんてん
막차	[終電] しゅうでん		왕래	[往来] おうらい
종점	[終点] しゅうてん		이동	[移動] いどう
신호등	[信号] しんごう		주차	[駐車] ちゅうしゃ
빨간 신호등	[赤信号] あかしんごう		출발	[出発] しゅっぱつ
푸른 신호등	[青信号] あおしんごう		도착	[到着] とうちゃく
고속도로	[高速道路] こうそくどうろ			
차선	[車線] しゃせん		**항공편과 공항**	
차도	[車道] しゃどう		항공	[航空] こうくう
인도	[歩道] ほどう		공항	[空港] くうこう
우회전	[右折] うせつ		비행기	[飛行機] ひこうき
좌회전	[左折] させつ		비자	[ビザ]
일방통행	[一方通行] いっぽうつうこう		여권	[旅券] りょけん
우측통행	[右側通行] みぎがわつうこう		패스포트	[パスポート]
끼어들기	[わりこみ]		입국심사	[入国審査] にゅうこくしんさ
충돌	[衝突] しょうとつ		출국카드	[出国カード] しゅっこくカード
일단정지	[一旦停止] いったんていし		세관신고	[税関申告] ぜいかんしんこく
진입금지	[進入禁止] しんにゅうきんし		국제선	[国際線] こくさいせん
보행자	[歩行者] ほこうしゃ		국내선	[国内線] こくないせん
브레이크	[ブレーキ]		항공권	[航空券] こうくうけん
액셀러레이터	[アクセル]		탑승권	[搭乗券] とうじょうけん
핸들	[ハンドル]		이륙	[離陸] りりく

착륙	[着陸] ちゃくりく		담임	[担任] たんにん
활주로	[滑走路] かっそうろ		방과후	[放課後] ほうかご
창가석	[窓側の席] まどがわのせき		반, 클래스	[組] くみ
통로석	[通路側の席] つうろがわのせき			[クラス]
기내식	[機内食] きないしょく		동창생	[同窓生] どうそうせい
			선배	[先輩] せんぱい

배편

배	[船] ふね
항구	[港] みなと
선창, 부두	[波止場] はとば
방파제	[防波堤] ぼうはてい
유람선	[遊覧船] ゆうらんせん
등대	[灯台] とうだい
페리	[フェリー]

후배	[後輩] こうはい
학생	[学生] がくせい
신입생	[新入生] しんにゅうせい
선생님	[先生] せんせい
교사	[教師] きょうし
가정교사	[家庭教師] かていきょうし
교수	[教授] きょうじゅ
학자	[学者] がくしゃ
교장	[校長] こうちょう
학사	[学士] がくし
석사	[修士] しゅうし
박사	[博士] はくし・はかせ

02 교육

학교

국공립	[国公立] こっこうりつ
사립	[私立] しりつ
학원	[塾] じゅく
	[予備校] よびこう
보육원	[保育園] ほいくえん
탁아소	[託児所] たくじしょ
유치원	[幼稚園] ようちえん
초등학교	[小学校] しょうがっこう
중학교	[中学校] ちゅうがっこう
고등학교	[高校] こうこう
	[高等学校] こうとうがっこう
대학	[大学] だいがく
대학원	[大学院] だいがくいん
학부	[学部] がくぶ
전문학교	[専門学校] せんもんがっこう
전문대학	[短期大学] たんきだいがく
초등학생	[小学生] しょうがくせい
중학생	[中学生] ちゅうがくせい
고등학생	[高校生] こうこうせい
대학생	[大学生] だいがくせい
담당	[担当] たんとう

과목

과목	[科目] かもく
국어	[国語] こくご
수학	[数学] すうがく
산수	[算数] さんすう
과학	[科学] かがく
물리	[物理] ぶつり
화학	[化学] かがく
생물	[生物] せいぶつ
사회	[社会] しゃかい
지리	[地理] ちり
철학	[哲学] てつがく
도덕	[道徳] どうとく
윤리	[倫理] りんり
역사	[歴史] れきし
국사	[国史] こくし
세계사	[世界史] せかいし
가정	[家庭] かてい
기술	[技術] ぎじゅつ

체육	[体育]	たいいく	교과서	[教科書]	きょうかしょ
도화	[図画]	ずが	교재	[教材]	きょうざい
공작	[工作]	こうさく	공책, 노트	[ノート]	
			필기도구	[筆記道具]	ひっきどうぐ

어학과 언어

			볼펜	[ボールペン]	
어학	[語学]	ごがく	연필	[鉛筆]	えんぴつ
언어학	[言語学]	げんごがく	지우개	[消しゴム]	けしゴム
외국어	[外国語]	がいこくご	자	[定規]	じょうぎ
영어	[英語]	えいご	풀	[糊]	のり
일본어	[日本語]	にほんご	붓	[筆]	ふで
중국어	[中国語]	ちゅうごくご	물감	[絵の具]	えのぐ
한국어	[韓国語]	かんこくご	가위	[鋏]	はさみ
한자	[漢字]	かんじ	종이	[紙]	かみ
회화	[会話]	かいわ	도화지	[画用紙]	がようし
문법	[文法]	ぶんぽう	색종이	[色紙]	しきし・いろがみ
발음	[発音]	はつおん	압정	[押しピン]	おしピン
번역	[翻訳]	ほんやく	칠판	[黒板]	こくばん
통역	[通訳]	つうやく	분필	[チョーク]	
듣기	[聞き取り]	ききとり	색연필	[色鉛筆]	いろえんぴつ
단어	[単語]	たんご			
어휘	[語彙]	ごい			

03 문화와 스포츠

문화 전반

문장	[文章]	ぶんしょう			
작문	[作文]	さくぶん	문화	[文化]	ぶんか
뜻	[意味]	いみ	예술	[芸術]	げいじゅつ
글씨, 글자	[文字]	もじ	무대	[舞台]	ぶたい
문자	[文字]	もじ	작품	[作品]	さくひん
구두점	[句読点]	くとうてん	극장	[劇場]	げきじょう
화살표	[矢印]	やじるし	영화관	[映画館]	えいがかん
밑줄	[下線]	かせん	미술관	[美術館]	びじゅつかん
물음	[問い]	とい	박물관	[博物館]	はくぶつかん
물음표	[クェスチョンマーク]		음악회	[音楽会]	おんがくかい
페이지, 쪽	[ページ]		콘서트	[コンサート]	
			전시회	[展示会]	てんじかい

문구와 사무용품

			입장권	[入場券]	にゅうじょうけん
문구	[文房具]	ぶんぼうぐ	표	[切符]	きっぷ
수첩	[手帳]	てちょう	예약	[予約]	よやく
도장	[判子]	はんこ	출연	[出演]	しゅつえん
인주	[朱肉]	しゅにく			

연기	[演技] えんぎ
공연	[公演] こうえん
상영	[上映] じょうえい
전시	[展示] てんじ

미술

미술	[美術] びじゅつ
조각	[彫刻] ちょうこく
디자인	[デザイン]
공예	[工芸] こうげい
서도	[書道] しょどう
회화	[絵画] かいが
유화	[油絵] あぶらえ
수채화	[水彩画] すいさいが
그림	[絵] え
도자기	[陶磁器] とうじき

사진과 무용

사진	[写真] しゃしん
촬영	[撮影] さつえい
흑백	[白黒] しろくろ
컬러	[カラー]
무용	[舞踊] ぶよう
춤	[踊り] おどり
발레	[バレー]

영화

영화	[映画] えいが
외국영화	[洋画] ようが
국내영화	[邦画] ほうが
사극	[時代劇] じだいげき
연극	[演劇] えんげき
대하드라마	[大河ドラマ] たいがドラマ
대사	[台詞] せりふ

음악

음악	[音楽] おんがく
노래	[歌] うた
가사	[歌詞] かし
연주	[演奏] えんそう
작곡	[作曲] さっきょく
작사	[作詞] さくし
악보	[楽譜] がくふ
가요	[歌謡] かよう
엔카	[演歌] えんか
동요	[童謡] どうよう
팝송	[ポップス]
재즈	[ジャズ]
합창	[合唱] がっしょう
악기	[楽器] がっき
피아노	[ピアノ]
바이올린	[バイオリン]
첼로	[チェロ]
플루트	[フルート]
색소폰	[サックス]
트럼펫	[トランペット]
오르간	[オルガン]
기타	[ギター]
드럼	[ドラム]
피리	[笛] ふえ

연예인과 예술가

연예인	[芸能人] げいのうじん
배우	[俳優] はいゆう
여배우	[女優] じょゆう
코미디언	[コメディアン]
가수	[歌手] かしゅ
지휘자	[指揮者] しきしゃ
피아니스트	[ピアニスト]
작곡가	[作曲家] さっきょくか
화가	[画家] がか
작가	[作家] さっか
시인	[詩人] しじん
선수	[選手] せんしゅ

취미와 오락

| 취미 | [趣味] しゅみ |

독서	[読書] どくしょ
산책	[散歩] さんぽ
조깅	[ジョギング]
낚시	[釣り] つり
바둑	[囲碁] いご
장기	[将棋] しょうぎ
마작	[マージャン]
여행	[旅行] りょこう
드라이브	[ドライブ]
다도	[茶道] さどう
헤엄	[泳ぎ] およぎ
소풍	[遠足] えんそく
꽃놀이	[花見] はなみ
파티	[パーティー]
축제	[祝祭] しゅくさい
사회	[司会] しかい
감상	[鑑賞] かんしょう
관람	[観覧] かんらん
구경	[見物] けんぶつ
놀이	[遊び] あそび
가위바위보	[ジャンケン]
숨바꼭질	[隠れん坊] かくれんぼう
오락	[娯楽] ごらく

스포츠

스포츠	[スポーツ]
운동	[運動] うんどう
야구	[野球] やきゅう
축구	[サッカー]
배구	[バレーボール]
농구	[バスケットボール]
탁구	[卓球] たっきゅう
수영	[水泳] すいえい
씨름	[相撲] すもう
체조	[体操] たいそう
테니스	[テニス]
골프	[ゴルフ]
스케이트	[スケート]

마라톤	[マラソン]
육상	[陸上] りくじょう
유도	[柔道] じゅうどう
검도	[剣道] けんどう
피겨스케이팅	[フィギュアスケート]
경기	[競技] きょうぎ
시합	[試合] しあい
예선	[予選] よせん
본선	[本選] ほんせん
결승	[決勝] けっしょう
우승	[優勝] ゆうしょう
득점	[得点] とくてん
이김, 승	[勝ち] かち
짐, 패	[負け] まけ
무승부	[引き分け] ひきわけ

04 자연현상

자연 전반

자연	[自然] しぜん
천연	[天然] てんねん
빛	[光] ひかり
어둠	[暗がり] くらがり
공기	[空気] くうき
습기	[湿気] しっけ
온도	[温度] おんど
습도	[湿度] しつど
더위	[暑さ] あつさ
추위	[寒さ] さむさ
햇살	[日差し] ひざし
양지	[日向] ひなた
응달, 음지	[日陰] ひかげ
지진	[地震] じしん
해일	[津波] つなみ

날씨

기후	[気候] きこう
날씨	[天気] てんき
일기예보	[天気予報] てんきよほう

고기압	[高気圧] こうきあつ		가을	[秋] あき
저기압	[低気圧] ていきあつ		겨울	[冬] ふゆ
영하	[氷点下] ひょうてんか		한겨울	[真冬] まふゆ
맑음	[晴れ] はれ		입춘	[立春] りっしゅん
흐림	[曇り] くもり		춘분	[春分] しゅんぶん
눈	[雪] ゆき		하지	[夏至] げし
대설	[大雪] おおゆき		추분	[秋分] しゅうぶん
눈보라	[吹雪] ふぶき		동지	[冬至] とうじ
비	[雨] あめ			
가랑비	[小雨] こさめ			

시간의 변화

소나기	[にわか雨] にわかあめ
	[夕立] ゆうだち
지나가는 비	[通り雨] とおりあめ
홍수	[洪水] こうずい
큰비	[大雨] おおあめ
호우	[豪雨] ごうう
장마	[梅雨] つゆ
가뭄	[日照り] ひでり
바람	[風] かぜ
산들바람	[そよ風] そよかぜ
회오리바람	[竜巻] たつまき
소용돌이	[渦巻き] うずまき
태풍	[台風] たいふう
무지개	[虹] にじ
노을	[朝焼け] あさやけ
	[夕焼け] ゆうやけ
구름	[雲] くも
안개	[霧] きり
서리	[霜] しも
천둥	[雷] かみなり
번개	[稲妻] いなづま

새벽	[暁] あかつき
	[夜明け] よあけ
새벽녘	[明け方] あけがた
아침	[朝] あさ
낮	[昼] ひる
대낮	[真昼] まひる
저녁	[夕方] ゆうがた
밤	[夜] よる
한밤중	[真夜中] まよなか
심야	[深夜] しんや
밤낮	[昼夜] ちゅうや

우주와 천체

우주	[宇宙] うちゅう
하늘	[空] そら
땅	[地] ち
달	[月] つき
해	[陽] ひ
태양	[太陽] たいよう
지구	[地球] ちきゅう
별	[星] ほし
혹성	[惑星] わくせい
보름달	[満月] まんげつ
혜성	[彗星] すいせい
은하	[銀河] ぎんが
	[天の川] あまのがわ
별자리	[星座] せいざ

계절과 달력

계절	[季節] きせつ
사계절	[四季] しき
봄	[春] はる
여름	[夏] なつ
한여름	[真夏] まなつ

05 인체와 건강

건강 전반

수명	[寿命] じゅみょう
육체	[肉体] にくたい
정신	[精神] せいしん
힘	[力] ちから
기운	[元気] げんき
생명	[生命] せいめい
목숨	[命] いのち
건강	[健康] けんこう

인체의 명칭

몸	[体] からだ
신체	[身体] しんたい
인체	[人体] じんたい
온몸, 전신	[全身] ぜんしん
머리	[頭] あたま
머리카락	[髪の毛] かみのけ
얼굴	[顔] かお
낯	[顔面] がんめん
이마	[額] ひたい
뺨	[頬] ほお
눈	[目] め
눈동자	[瞳] ひとみ
눈썹	[眉] まゆ
속눈썹	[まつげ]
코	[鼻] はな
입	[口] くち
입술	[唇] くちびる
이, 이빨	[歯] は
혀	[舌] した
귀	[耳] みみ
턱	[顎] あご
목	[首] くび
어깨	[肩] かた
등	[背中] せなか
가슴	[胸] むね
젖	[乳] ちち
겨드랑이	[脇] わき
고개	[首] くび
옆구리	[脇] わき
허리	[腰] こし
배	[腹] はら
배꼽	[臍] へそ
엉덩이	[尻] しり
무릎	[膝] ひざ
다리	[足] あし
팔	[腕] うで
손	[手] て
발	[足] あし
손톱	[手の爪] てのつめ
발톱	[足の爪] あしのつめ
손가락	[手の指] てのゆび
발가락	[足の指] あしのゆび
손목	[手首] てくび
발목	[足首] あしくび
뇌	[脳] のう
뼈	[骨] ほね
근육	[筋肉] きんにく
피부	[皮膚] ひふ

생리현상

생리	[生理] せいり
열	[熱] ねつ
땀	[汗] あせ
눈물	[涙] なみだ
콧물	[鼻水] はなみず
호흡	[呼吸] こきゅう
숨	[息] いき
기침	[咳] せき
재채기	[くしゃみ]
하품	[あくび]
방귀	[おなら]
똥	[うんこ]
오줌	[おしっこ]

대변	[大便] だいべん	염증	[炎症] えんしょう
소변	[小便] しょうべん	부스럼, 종기	[出来物] できもの
침	[唾] つば	혹	[こぶ]
수면	[睡眠] すいみん	고름	[膿] うみ
잠	[眠り] ねむり	충혈	[充血] じゅうけつ
잠꼬대	[寝言] ねごと	치통	[歯痛] しつう
딸꾹질	[しゃっくり]	두통	[頭痛] ずつう
트림	[げっぷ]	복통	[腹痛] ふくつう
기지개	[伸び] のび	생리통	[生理痛] せいりつう
		소화불량	[消化不良] しょうかふりょう

병

병	[病気] びょうき	식욕부진	[食欲不振] しょくよくふしん
질병	[疾病] しっぺい	수면부족	[睡眠不足] すいみんふそく
지병	[持病] じびょう	불면증	[不眠症] ふみんしょう
급성	[急性] きゅうせい	식중독	[食中毒] しょくちゅうどく
만성	[慢性] まんせい	노이로제	[ノイローゼ]
양성	[陽性] ようせい	스트레스	[ストレス]
음성	[陰性] いんせい	고통	[苦痛] くつう
악성	[悪性] あくせい	꾀병	[仮病] けびょう
암	[癌] がん	비만	[肥満] ひまん
천식	[ぜん息] ぜんそく	증세	[症状] しょうじょう
간질	[てんかん]	악화	[悪化] あっか
부상	[怪我] けが	위독	[危篤] きとく
중상	[重傷] じゅうしょう	회복	[回復] かいふく
경상	[軽傷] けいしょう	중독	[中毒] ちゅうどく
감기	[風邪] かぜ	소화	[消化] しょうか
몸살	[疲れ病] つかれびょう		

의료

배탈	[腹痛] ふくつう	의료	[医療] いりょう
설사	[下痢] げり	종합검진	[総合検診] そうごうけんしん
변비	[便秘] べんぴ	신체검사	[身体検査] しんたいけんさ
피로	[疲労] ひろう	위생	[衛生] えいせい
현기증	[目眩] めまい	면역	[免疫] めんえき
치석	[歯石] しせき	세균	[細菌] さいきん
충치	[虫歯] むしば	바이러스	[ウイルス]
무좀	[水虫] みずむし	현미경	[顕微鏡] けんびきょう
알레르기	[アレルギー]	외래	[外来] がいらい
골절	[骨折] こっせつ	통원	[通院] つういん
염좌	[捻挫] ねんざ	입원	[入院] にゅういん

퇴원	[退院] たいいん
병실	[病室] びょうしつ
진찰실	[診察室] しんさつしつ
진단서	[診断書] しんだんしょ
처방전	[処方箋] しょほうせん
헌혈	[献血] けんけつ
수혈	[輸血] ゆけつ
간호	[看護] かんご
진단	[診断] しんだん
진찰	[診察] しんさつ
수술	[手術] しゅじゅつ
마취	[麻酔] ますい
치료	[治療] ちりょう
응급조치	[応急手当] おうきゅうてあて
주사	[注射] ちゅうしゃ
링거	[点滴] てんてき

병원

보건소	[保健所] ほけんじょ
병원	[病院] びょういん
종합병원	[総合病院] そうごうびょういん
의료보험	[医療保険] いりょうほけん
의사	[医師] いし
	[医者] いしゃ
전문의	[専門医] せんもんい
개업의	[開業医] かいぎょうい
간호사	[看護婦] かんごふ
약사	[薬剤師] やくざいし
환자	[患者] かんじゃ
병자	[病人] びょうにん
내과	[内科] ないか
외과	[外科] げか
정형외과	[整形外科] せいけいげか
성형외과	[形成外科] けいせいげか
피부과	[皮膚科] ひふか
안과	[眼科] がんか
치과	[歯科] しか
이비인후과	[耳鼻咽喉科] じびいんこうか

방사선과	[放射線科] ほうしゃせんか
소아과	[小児科] しょうにか
신경과	[神経科] しんけいか
정신과	[精神科] せいしんか
산부인과	[産婦人科] さんふじんか
비뇨기과	[泌尿器科] ひにょうきか

의약품

약국	[薬局] やっきょく
약	[薬] くすり
부작용	[副作用] ふくさよう
구급상자	[救急箱] きゅうきゅうばこ
일회용반창고	[バンドエード]
반창고	[絆創膏] ばんそうこう
알약, 정제	[錠剤] じょうざい
내복약	[飲み薬] のみぐすり
바르는 약	[塗り薬] ぬりぐすり
가루약	[粉薬] こなぐすり
가글약	[うがい薬] うがいぐすり
연고	[軟膏] なんこう
백신	[ワクチン]
비타민제	[ビタミン剤] ビタミンざい
감기약	[風邪薬] かぜぐすり
영양제	[栄養剤] えいようざい
진통제	[鎮痛剤] ちんつうざい
해열제	[解熱剤] げねつざい
소화제	[消化剤] しょうかざい
수면제	[睡眠剤] すいみんやく

기타

구급차	[救急車] きゅうきゅうしゃ
기미	[しみ]
주근깨	[そばかす]
여드름	[にきび]
근시	[近視] きんし
원시	[遠視] えんし
난시	[乱視] らんし
노안	[老眼] ろうがん